Sintesi

Régis Burnet, *Il Nuovo Testamento*

Étienne Trocmé, *San Paolo*

Pierre Gibert, *Simon Pietro*

Olivier Clément, *La Chiesa ortodossa*

Anselm Grün, *Benedetto da Norcia*

Reinhard G. Kratz, *I profeti di Israele*

Eckart Otto, *Mosè. Storia e leggenda*

Salvador Pié-Ninot, *Che cos'è la Chiesa. Breve sintesi*

David Wenham, *Dalla buona novella ai vangeli. Cosa dissero i primi cristiani su Gesù?*

Timothy H. Lim, *I rotoli del Mar Morto. Una breve introduzione*

Tim Bayne, *Filosofia della religione. Una breve introduzione*

Gisbert Greshake, *Maria è la Chiesa. Un tema antico, una sfida per il presente*

Eric H. Cline, *Archeologia biblica. Una breve introduzione*

Hervé Ponsot, *Per (ri)cominciare a credere. Catechismo per i nostri contemporanei*

Antoine Nouis, *Le nostre radici ebraiche*

Günter Wilhelms – Helge Wulsdorf, *Un'etica nell'economia. Responsabilità e bene comune*

SALVADOR PIÉ-NINOT

Che cos'è la Chiesa

Breve sintesi

seconda edizione

Editrice Queriniana

Al vescovo Pere Tena, maestro e amico,
fondatore del Centre de Pastoral Litúrgica di Barcellona,
nel cinquantesimo anniversario
del Centre de Pastoral Litúrgica (1958-2008).

Titolo originale:
Salvador Pié-Ninot,
Qué es la Iglesia
Centre de Pastoral Litúrgica, Barcelona (Spagna)

via Ferri, 75 - 25123 Brescia (Italia/UE)
tel. 030 2306925 – fax 030 2306932
e-mail: info@queriniana.it

ISBN 978-88-399-2958-7

Traduzione dallo spagnolo
di Pietro Crespi

www.queriniana.it

Stampato da Mediagraf spa - Noventa Padovana (PD) - www.printbee.it

«Cristo sì, chiesa no»?

«Religione sì, Dio personale no»?

«Credere, ma senza appartenere»?

«La chiesa, come la luna, è il riflesso 'semioscuro' del sole Gesù Cristo» (san Bonaventura).

«Paradosso e mistero della chiesa» (H. de Lubac).

«La chiesa è più credibile se dà testimonianza con la propria vita» (Sinodo del 1985).

«La chiesa è una comunità di amore» (Benedetto XVI, *Deus caritas est*, 2006).

Non è facile affrontare la questione della chiesa nel nostro mondo attuale, perché l'esperienza recente su di essa può essere descritta come quella di una lunga «transizione che va da una chiesa che poggia su una società cristiana omogenea e quasi identica con essa – una chiesa di massa – ad una chiesa costituita da coloro che, in contrasto con il loro ambiente, si sono aperti un passaggio verso un'opzione di fede personale, chiara e consapevole» (K. Rahner).

Oltre a ciò, diverse inchieste e studi sull'opinione pubblica recente, in particolare nel primo mondo, mettono in rilievo che spesso le cosiddette 'istituzioni sociali formali', come lo stato e i suoi organismi, i partiti politici, i sindacati... non godono di una immagine molto buona, diversamente da quanto accade con le istituzioni 'non formali', quali le organizzazioni non governative (ONG), i nuovi movimenti sociali e i gruppi spontanei, che godono di una maggiore e migliore accettazione.

Non è quindi strano che accada qualcosa di simile con la chiesa come realtà più generale, e tutto ciò, nonostante il fatto che il XX secolo, grazie al concilio Vaticano II (1962-1965), centrato sulla chiesa, sia stato considerato come «il secolo della chiesa» per eccellenza.

Si va diffondendo inoltre il classico paradosso di questi ultimi anni, espresso nel noto slogan: «Cristo sì, chiesa no», che si sta trasformando in «Religione sì, Dio personale no». E appare un fenomeno in crescita, quale è quello dei cosiddetti 'cristiani non praticanti', la cui caratteristica è individuata da un'espressione che ha fatto fortuna: «Credere, ma senza appartenere». È un fenomeno frutto della secolarizzazione del nostro mondo, di un certo ritorno al 'sacro' e di certe forme di pluralismo interreligioso, di un relativismo in aumento, della crescente marginalità della religiosità ecclesiale, del forte individualismo attuale... che portano ad una specie di de-istituzionalizzazione della religione cristiana.

C'è poi una forte crisi nei modelli abituali della trasmissione della fede e una sempre maggiore perplessità nell'esperienza di socializzazione religiosa (famiglia, parrocchia, scuola, associazioni, movimenti, istituzioni, assemblee, centri di formazione, presenza 'pubblica' della chiesa oggi...), il che sfocia, in forma rilevante e frequente, in una crisi di appartenenza concreta e visibile alla chiesa. In questo senso, non senza ragione, si constata che per i credenti la difficoltà maggiore del nostro tempo è quella di riuscire a integrare adeguatamente i tre ambiti propri della vita cristiana: la fede personale, la sua proclamazione ecclesiale e la vita quotidiana con la sua cultura.

È da tutto questo che sorge ogni volta con forza maggiore, la domanda: che cosa è la chiesa? e perché la chiesa? a che serve? La riflessione che presentiamo sulla chiesa vuole tenere presenti queste contestazioni e questi interrogativi, a partire dalla convinzione che il tema della chiesa ha bisogno di un de-centramento per vederla non tanto come termine o oggetto della fede, quanto come il modo e l'ambito comunitario-sacramentale dal quale si professa, si celebra e si testimonia la fede cristiana, *e comprendere così che, più che 'credere la chiesa', il cristiano 'crede ecclesialmente' nel centro della fede che è Gesù di Nazaret, il quale ci manifesta l'amore di Dio Padre e continua ad essere presente oggi in mezzo a noi attraverso il suo Spirito.*

INTRODUZIONE

L'apporto decisivo del concilio Vaticano II

L'apporto decisivo del concilio Vaticano II (1962-1965) lo si constata nel suo intento di formulare una sintesi dell'ecclesiologia caratterizzante i primi due millenni di vita della chiesa.

Così, nel primo millennio della chiesa, quella dominante fu *un'ecclesiologia sacramentale di comunione tra le chiese diocesane* con i loro vescovi, sotto la presidenza della chiesa di Roma (già nel II secolo sant'Ignazio di Antiochia scriveva che Roma «presiede la comunità di amore che è la chiesa»; cfr. *LG* 13, 23). Il secondo millennio, invece, a partire dalla rottura con le chiese orientali dell'Ortodossia nell'anno 1054, sviluppa *un'ecclesiologia più unitaria e universale*, con una visione della chiesa come un solo corpo, visione alla quale si indirizzò progressivamente la concezione del papato (e del papa come pastore supremo; cfr. il concilio Vaticano I, del 1870).

Si tratta quindi di due dimensioni – più che di ecclesiologie complete – che si riflettono nello stesso concilio Vaticano II, il quale, pur partendo dall'ecclesiologia più giuridica e universalistica del secondo millennio, centrata sul papato, propone come chiave di lettura globale il recupero dell'ecclesiologia sacramentale di comunione, imperniata sull'esperienza concreta delle comunità locali e diocesane del primo millennio cristiano con il loro vescovo, presiedute dalla chiesa di Roma.

E questo, il Vaticano II lo fa a partire da una formula di sintesi finora sconosciuta in ecclesiologia, quale è quella di «comunione gerarchica» (*LG* 21s.; *CD* 4s.; *PO* 7, 15). In questa espressione il sostantivo 'comunione' esprime il carattere fraterno fondamentale della chiesa come comunità di credenti, attestata soprattutto nel primo millennio della chiesa, e l'aggettivo 'gerarchica' sottolinea la sua connessione decisiva con il ministero pastorale dei sacerdoti e del loro vescovo con il papa, affermata soprattutto nel secondo millennio, con il Vaticano I. Si tratta, senza possibilità di dubbio, della formula ecclesiologicamente più significativa di tutto il Vaticano II, in quanto esige che si giunga ad una sintesi creativa di ambedue i millenni, del primo e del secondo.

Ed è qui che si situa il Vaticano II con la sua interpretazione nonché accettazione diversificata, non sempre facile in tutti questi anni postconciliari, interpretazione che è andata oscillando tra l'accento sulla comunione fraterna e/o quello della sua dimensione ministeriale gerarchica, alla ricerca di una sintesi fedele. Ecco la sfida attuale più affascinante – e insieme non sempre facile – della nostra chiesa nella sua ricezione e comprensione del Vaticano II!

I.

CHE POSTO HA LA CHIESA NELLA FEDE CRISTIANA?

Per il più antico Credo del cristianesimo, risalente al II/III secolo e noto come 'Simbolo apostolico' a motivo del terreno in cui affondano le sue radici, la chiesa non è centro e oggetto della fede così come lo sono le persone divine del Padre, del Figlio e dello Spirito santo: la chiesa (che non è persona divina, bensì opera loro) è il luogo, l'ambiente e il contesto dove comunitariamente si crede in Dio.

Questo Simbolo apostolico, talvolta denominato Credo 'breve', che è il più antico della chiesa e il più usato nella catechesi, e che fu il più diffuso a Roma e in Occidente, è in effetti strutturato in tre articoli che iniziano rispettivamente così: «*Credo in* Dio Padre...; *credo in* Gesù Cristo...; *credo nello* Spirito santo...». È all'interno di quest'ultimo articolo dedicato allo Spirito santo che si trova inclusa la chiesa, quando si afferma: «*Credo nello Spirito santo, la santa chiesa cattolica, la comunione dei santi*». Come si può vedere, il riferimento alla chiesa viene *dopo* quello allo Spirito santo e non è preceduto dalla formula *credo in*, usata unicamente per le persone divine: Padre, Figlio e Spirito santo.

Questa impostazione la si ritrova presentata con chiarezza nel più recente *Catechismo della chiesa cattolica* (1992), frutto del concilio Vaticano II. Al n. 750 quel testo, seguendo una lunga tradizione ecclesiale (san Tommaso d'Aquino nel XIII secolo e il *Catechismo romano* nel XVI secolo, frutto quest'ultimo del concilio di Trento), commenta:

> Nel Simbolo degli apostoli professiamo di credere una chiesa santa (*credo... ecclesiam*), e non di credere *nella* chiesa, per non confondere Dio e le sue opere e per attribuire chiaramente alla bontà di Dio tutti i doni che egli ha riversato nella sua chiesa.

Si deve quindi concludere che, affinché sia compresa in termini corretti, la formula abituale «credo la chiesa» deve essere interpretata nel senso di «credo ecclesialmente». In effetti nel Credo più antico la chiesa non appare come uno degli oggetti dei suoi tre articoli di fede centrati su Dio Padre, Dio Figlio e Dio Spirito santo, ma si dice che essa *è il modo, il contesto e il luogo a partire dai quali si crede in Dio*, grazie all'impulso che lo stesso Spirito dà. La chiesa, quindi, non fa parte del centro della fede, né è suo termine, bensì è il luogo e contesto proprio della fede, come comunità sacramentale quale essa è, e così manifesta la comunitarietà caratteristica e necessaria della professione di fede cristiana come espressione del *credere in Dio ecclesialmente*!

II.

COME DESCRIVERE E NOMINARE LA CHIESA?

La chiesa, nel corso della sua storia, è stata descritta in diversi modi con metafore, immagini e simboli. Così, nel Nuovo Testamento appare come popolo di Dio, corpo di Cristo, sposa di Cristo, tempio dello Spirito, ovile, gregge di Dio (cfr. *LG* 7). Successivamente, tra il II e il V secolo, verranno coniati i nomi di madre, arca, mistero, sacramento, colonna, fraternità...

A partire dal Medioevo (V-XV secolo) verranno consacrate le qualificazioni di congregazione, chiesa militante e trionfante, regno, corpo mistico... Lutero, fondatore del protestantesimo nel XVI secolo, e i suoi seguaci, preferiranno la denominazione di 'comunione dei santi', intesa in modo spirituale e invisibile, situazione che comporterà come compensazione, da parte cattolica, una forte accentuazione della visibilità, con l'uso di nomi come quelli di 'corporazione' o 'corpo di Cristo', 'società visibile e giuridicamente perfetta'...

Quest'ultima formula sarà quella che dominerà più di ogni altra fino alla prima metà del XX secolo, grazie all'influsso esercitato dalla pubblicazione del primo *Codice di diritto canonico* nel 1917, come normativa generale della chiesa cattolica. Il Codice partirà proprio dalla concezione di società giuridica perfetta per articolare tutti i canoni, in parallelo alla organizzazione civile tipica degli stati.

In questo contesto il concilio Vaticano II, nel suo impegno di aggiornamento e riforma della chiesa, preferirà recuperare la categoria più teologica di sacramento o comunità sacramentale, usata nei primi secoli della chiesa da Cipriano di Cartagine, visto che una tale categoria può aiutare ad articolare meglio la duplice dimensione – quella spirituale e quella visibile – della chiesa, la quale «è un'unica realtà complessa fatta di un duplice elemento, umano e divino» (*LG* 8). In questo modo la parola 'sacramento', applicata dieci volte alla chiesa nel Vaticano II e intesa come «segno e strumento» (*LG* 1), comporterà, a immagine dei sette sacramenti, un decentramento della chiesa medesima, in quanto manifesterà che il suo centro non è essa stessa, bensì Gesù Cristo, del quale la chiesa è segno come sua memoria e sua presenza qui e ora. Per questo *la chiesa può essere descritta come un sacramento*, vale a dire come un «segno e strumento» che attualizza la memoria e la presenza di Gesù Cristo oggi nel mondo, mediante la Parola di Dio e i sacramenti, vissuti nella testimonianza dei cristiani.

III.

L'ORIGINE DELLA 'CHIESA' A PARTIRE DALL'ANNUNCIO DEL REGNO DI DIO

1. L'annuncio del regno di Dio da parte di Gesù

Una lettura attenta della nascita e dell'origine della chiesa mette in rilievo come il centro della predicazione di Gesù, che spiega il suo comportamento e l'itinerario vitale da lui percorso, fosse l'annuncio e la venuta del regno di Dio ad opera di lui stesso (cfr. *Mc* 1,15; *Mt* 4,17).

In effetti Gesù annunciava la vicinanza del regno di Dio, vale a dire la presenza amorosa e decisiva di Dio per tutta l'umanità, e spronava all'accettazione di questa presenza nella vita personale e collettiva, come attesta l'esempio emblematico delle *beatitudini* (*Mt* 5,5-12; *Lc* 6,20-26). Espressione massima di questa visione è l'invocazione di Dio come Padre all'inizio del *Padre nostro* (*Mt* 6,9-15; *Lc* 11, 2-4), dove la novità rispetto all'Antico Testamento è quella di invocare Dio non come un essere lontano, bensì come un padre vicino – o meglio chiamandolo *abbà* (una forma familiare e intima: papà) –, cosa che suscita un'esperienza viva di filiazione. Una tale novità va unita a un'altra, ad essa correlativa: qualificare tutti gli uomini e le donne come fratelli, senza distinzione di razza, sesso o nazione, cosa che porta alla vera fraternità umana, da Gesù radicalizzata in tre maniere: come amore dei nemici (*Mt* 5,43-48), degli stranieri (*Lc* 10,30-37) e dei peccatori (*Lc* 7,34-50). L'unione di ambedue le esperienze si esprime in Dio come *Padre* e si rende visibile nel considerare questo Dio non come mio, bensì come *nostro*, e si trasformerà nella grande sintesi di quello che è il regno di Dio: realtà di filiazione divina e fraternità umana in Cristo (cfr. *Gal* 4,6; *Rm* 8, 15).

Correlativo a questo concetto di regno di Dio è il concetto di 'popolo di Dio', in quanto come il regno ha il suo tempo e luogo, così c'è bisogno anche di un popolo nel quale esso possa rendersi presente, un popolo che lo accetti, lo renda visibile e lo annunci agli altri. E questo è ciò che Gesù volle fare: convocare il popolo d'Israele perché accettasse il regno di Dio («Venga il tuo regno», prega il *Padre nostro*: *Lc* 11,2). Per questo cercò di promuovere la riunione definitiva d'Israele in vista del regno di Dio, come ricorda la sua viva esclamazione: «Gerusalemme, Gerusalemme... quante volte ho voluto raccogliere i tuoi figli... e voi non avete voluto» (*Mt* 23,37; *Lc* 13,34), in linea con la speranza annunciata dai profeti (cfr. *Is* 2,2-5; 60; *Ger* 3,17; *Zc* 8,20-23).

In questo contesto va situato uno dei più importanti atti di Gesù, pieno di significato e di simbolismo, quale fu l'elezione di un gruppo di dodici tra i suoi discepoli (cfr. *Mc* 3,13-19; *Mt* 10,1-4; *Lc* 6,12-16). Di fatto, bisogna tenere presente che la speranza del ristabilimento delle dodici tribù era una delle forme più comuni della grande speranza giudaica, e per questo l'aspettativa della riunione d'Israele era tanto diffusa, e il ricordo delle dodici tribù rimaneva così acuto che 'dodici' significava necessariamente 'ristabilimento' d'Israele (cfr. *Ez* 37; 39; 40–48; *Mt* 19,28). In questo senso è molto significativo che l'ultimo libro della Bibbia presenti la Gerusalemme celeste con le sue mura che poggiano su dodici basamenti, sopra i quali sono scritti appunto i nomi dei dodici apostoli (cfr. *Ap* 21,9-14).

2. L'ampio 'movimento' di seguaci suscitato da Gesù

In questo approccio si comprende come ciò che Gesù produsse nella sua predicazione del regno di Dio fosse come un ampio 'movimento' di seguaci a diversi livelli – discepoli, donne, amici, curiosi, malati, emarginati... – come offerta e possibilità perché Israele superasse la crisi che stava vivendo e ricostruisse la propria identità nella prospettiva del regno di Dio. In questo senso quello creato da Gesù può essere descritto come un *movimento intragiudaico di rinnovamento*, visto che Gesù non rinunciò alla propria identità giudaica, anzi ne promosse il significato più profondo e interiore (cfr. *Mt* 5,17-20; 23,1-39). Questo 'movimento' dei seguaci di Gesù, dopo la 'fuga' e la 'dispersione' dei suoi membri in seguito alla morte del Maestro (cfr. *Mt* 14,50; *Lc* 24,19-21), si 'ricreò' attorno ai Dodici, ricostituendosi ed espandendosi fortemente a partire dall'annuncio della risurrezione (cfr. *At* 2,1-47).

D'altro lato, accadde che gran parte del popolo d'Israele preferisse seguire la linea propugnata dal fariseismo, il che significava centrarsi 'formalmente' sulla Legge e chiudersi così alla visione più 'interiore' e 'spirituale' della prospettiva del regno di Dio annunciato da Gesù. In cambio, i seguaci del 'movimento' originato da Gesù cercarono di mantenere una concezione aperta della identità giudaica, che divenne a mano a mano universalmente accessibile. Così, Paolo afferma che la Legge non è un privilegio d'Israele, ma è scritta nel cuore di tutti i gentili (cfr. *Rm* 2,15); che la circoncisione non è esclusivamente giudaica, ma ognuno può essere circonciso, non nella carne ma nel cuore (cfr. *Rm* 2,29); che la condizione di figlio di Dio è patrimonio di tutti gli umani, perché «non c'è Giudeo né Greco; non c'è schiavo né libero; non c'è maschio e femmina; perché tutti voi siete uno in Cristo Gesù» (*Gal* 3,28). In questo modo, allora, vengono 'universalizzati' i valori d'Israele per tutti i credenti, vengono svincolati da un popolo determinato e vengono 'snazionalizzate' le sue tradizioni, sicché le persone sono convocate a questo regno superando le barriere culturali e nazionali, rafforzando la determinazione di rendere realtà qualcosa che poteva diventare proposta per tutta l'umanità (cfr. la giustificazione in Paolo: *Rm* 9–11).

3. 'Chiesa': il nome preferito dalla comunità dei seguaci di Gesù Cristo

All'interno di questo progetto la chiesa degli inizi appare in continuità con il movimento originato da Gesù, come con belle parole ricorda il concilio Vaticano II: «Il Signore Gesù diede inizio alla sua chiesa predicando il buon annuncio, cioè la venuta del regno di Dio promesso da secoli nelle Scritture» (*LG* 5). In questo modo la chiesa appare come la conseguenza legittima di un processo storico che ha il suo momento decisivo in Gesù di Nazaret, come realizzazione del disegno di salvezza che Dio ha fin dall'inizio sull'umanità (cfr. *LG* 2). Tra la fine del I secolo e gli inizi del II, questo *movimento di rinnovamento interno al giudaismo*, che il Nuovo Testamento qualifica come 'cammino', 'i santi', 'i nazareni', 'la setta o fazione nazarena', 'i cristiani'..., viene progressivamente riconosciuto come diverso dal popolo giudaico e qualificato specificamente come 'chiesa'.

Tutto questo comportò un progressivo sganciamento dal mondo giudaico da parte dei cristiani, in particolare quando la maggioranza del popolo giudaico rifiutò in modo irreversibile la predicazione degli apostoli centrata su Gesù di Nazaret come Messia definitivo. In questo contesto i seguaci di Gesù adottarono prevalentemente il nome di 'chiesa', parola che l'Antico Testamento aveva usato per qualificare l'assemblea fondazionale del popolo ebreo sul monte Sinai, con il significato di 'comunità convocata' da Dio per comunicarle l'alleanza del popolo eletto con lui (cfr. *Dt* 4,10; 9,10; 18,16; 23,1s.; 31,30; *At* 7,38). In questo modo i primi seguaci di Gesù riaffermavano la loro radice e la loro convinzione di continuare ed essere l'*assemblea* (*ekklēsía*, in greco) del 'vero Israele', basandosi su quell'atto di fondazione che è l'alleanza del monte Sinai! Si noti che la stessa parola 'chiesa', nell'originale greco, da un lato ha il significato attivo di *chiamata* o *convocazione*, e dall'altro offre un significato passivo, in quanto designa la *congregazione* o *assemblea convocata*.

4. Il processo 'fondazionale' della chiesa primitiva

In questo contesto il concilio Vaticano II si colloca nella linea della riflessione contemporanea sui dati del Nuovo Testamento, riflessione che mette in rilievo come la cosa più ovvia sia l'idea di una fondazione progressiva della chiesa lungo tutta l'attività di Gesù, sia del Gesù terreno sia del Risorto. In effetti, nel movimento di convocazione del Gesù terreno, nella cerchia dei suoi discepoli, nei suoi pasti, in particolare nella sua ultima cena prima della morte, appaiono vestigia prepasquali della chiesa, probabilmente più implicite che esplicite. Tutti questi elementi e prospettive servono alla formazione decisiva della chiesa e possono essere enumerati come segue, secondo il dettato del lucido documento della Commissione teologica internazionale su questa problematica, del 1985:

> – Le promesse veterotestamentarie riguardanti il popolo di Dio, che si presuppongono nella predicazione di Gesù e che conservano tutta la loro forza salvifica;
> – L'ampio invito rivolto a tutti gli uomini da parte di Gesù a convertirsi e a credere in lui;
> – La chiamata e l'istituzione dei Dodici, quale segno del futuro ristabilimento di tutto Israele;
> – L'imposizione del nome a Simon Pietro, il posto precipuo a lui riservato nella cerchia dei discepoli e la sua missione;
> – Il rifiuto di Gesù da parte d'Israele e la spaccatura tra il popolo giudaico e i discepoli di Gesù;
> – Il fatto storico che Gesù, nell'istituzione della cena e nella sua passione e morte, liberamente assunte, persista nel predicare il regno universale di Dio, che consiste nel dono della vita a tutti gli uomini;

> – La ricostituzione, grazie alla risurrezione del Signore, della comunità infranta tra Gesù e i suoi discepoli e, dopo la Pasqua, l'introduzione di costoro nella vita propriamente ecclesiale;
> – L'invio dello Spirito santo che fa della chiesa veramente una creatura di Dio (cfr. la descrizione della 'Pentecoste' negli scritti di Luca);
> – La missione dei discepoli verso i pagani e la costituzione della chiesa dei pagani;
> – La definitiva rottura tra il «vero Israele» e il giudaismo[1].

Si tenga presente che, come precisa il citato documento della Commissione teologica internazionale,

> nessuna di tali tappe, se presa da sola, può costituire il tutto, ma unite tutte tra loro mostrano con evidenza che la fondazione della chiesa va intesa come un processo storico, come il divenire cioè della chiesa all'interno della storia della rivelazione[2].

Per comprendere una tale affermazione è bene tener presente le precisazioni di un documento successivo della stessa Commissione teologica internazionale, del 1986, dove si puntualizza che

> per realizzare la sua missione salvifica, Gesù ha voluto riunire gli uomini in vista del regno e convocarli attorno a sé. A tale fine Gesù ha compiuto atti concreti la cui sola interpretazione possibile, se presi nel loro insieme, è la preparazione della chiesa che verrà costi-

1 *Temi scelti di ecclesiologia*, in *Enchiridion Vaticanum* 9, EDB, Bologna 1987, n. 1678.
2 *Ibid.*, n. 1679.

> tuita definitivamente all'epoca degli avvenimenti della Pasqua e della Pentecoste. È dunque necessario affermare che Gesù ha voluto fondare la chiesa[3].

Una tale affermazione ha la sua base nel fatto che la vita e il ministero di Gesù vengono percepiti come una 'ecclesiologia implicita', espressione che significa che Gesù aveva l'intenzione fondamentale di costituire la chiesa, anche se si deve tenere presente che «non si tratta di affermare che questa intenzione di Gesù implichi una volontà espressa di fondare e stabilire tutti gli aspetti istituzionali della chiesa, così come si sono sviluppati nel corso dei secoli». In questo modo appare chiara la volontà di Gesù, il quale, predicando il regno di Dio, pensa a un popolo che ne sia segno e portavoce per la storia dell'umanità, anche se la sua formulazione più manifesta non apparirà fino alla tappa successiva, a Pentecoste, con una 'ecclesiologia esplicita' in continuità con la 'ecclesiologia implicita' presente nella intenzione di Gesù di Nazaret di costituire la chiesa.

[3] *La coscienza che Gesù aveva di se stesso*, in *Enchiridion Vaticanum* 10, EDB, Bologna 1989, n. 706.

IV.

GLI ALTRI 'NOMI' DELLA CHIESA: POPOLO DI DIO, CORPO DI CRISTO, COMUNIONE, SACRAMENTO DI SALVEZZA...

Quali sono gli altri nomi, le immagini o i concetti fondamentali della chiesa? Di fatto non esiste un'unica indicazione e nella tradizione teologica sono stati mescolati diversi concetti. Orbene, sarà il nome di 'popolo di Dio', titolo del cap. II di *Lumen gentium*, ad essere il più caratteristico della ecclesiologia conciliare nella prima tappa del postconcilio. Nella qualificazione di 'popolo di Dio' si vede il soggetto storico della chiesa, quasi in risposta alla domanda: chi è il 'sacramento di salvezza' annunciato in *LG* 1?

Nondimeno, a partire da un ventennio dopo il concilio Vaticano II si impose progressivamente – in particolare al sinodo dei vescovi del 1985 – l''ecclesiologia di comunione', la quale, anche se non appare esplicitamente così formulata nei testi conciliari, interpreta bene la loro impostazione ecclesiologica. Questa impostazione mira alla comunione con Dio mediante la Parola e i sacramenti, che comporta la comunione dei cristiani tra loro e la relazione 'fraterna' tra le chiese locali e la chiesa di Roma.

Una tale concezione è radicata nella cosiddetta 'ecclesiologia eucaristica' – vale a dire che pone l'eucaristia come centro della chiesa locale – tanto presente nella chiesa antica e ancor oggi nelle chiese d'Oriente non cattoliche, dette 'ortodosse'.

Il Vaticano II registra poi altri nomi e immagini della chiesa, come «regno di Dio» (*LG* 5), «ovile, podere o campo, costruzione, famiglia, tempio, sposa, nuova Gerusalemme» (*LG* 6), «società» (*LG* 8; *PO* 2), tra le quali merita rilievo speciale l'immagine di «corpo mistico» di Cristo (*LG* 7). Attraverso i testi conciliari, inoltre, appaiono altre espressioni complementari significative in chiave di 'comunione', tra le quali possono essere messe in rilievo in particolare: «la chiesa, comunione di fede, speranza e amore» (*LG* 8, 26, 28...), «comunione gerarchica» (*LG* 21s.), «corpo di chiese» (*LG* 23), «comunione dei santi» (*LG* 69)... In questo senso, dunque, benché il titolo di chiesa come 'comunione' non appaia in forma esplicita, il suo contenuto contrassegna decisamente tutta la comprensione posteriore della ecclesiologia conciliare.

Prendendo l'ecclesiologia nella sua globalità, però, il nome esplicito della chiesa che risulta più decisivo è quello di 'sacramento di salvezza'. Questa espressione, che appare inoltre come categoria fondamentale della chiesa, ricorre dieci volte nel Vaticano II (*LG* 1, 9, 48, 59; *SC* 5, 26; *GS* 42, 45; *AG* 1, 5). Non si tratta qui di un ottavo sacramento, bensì di una preziosa e innovativa qualificazione che, invece di essere applicata a dei riti come i sette sacramenti, in questo caso si dice della comunità cristiana intesa come presenza e segno sacro di Cristo in mezzo al mondo, che è il significato di 'sacramento'. Questa era la comprensione del suo primo uso nella storia della chiesa da parte di

Cipriano di Cartagine (II/III secolo), uso che la teologia del XX secolo poco prima del Vaticano II propose come alternativa a una comprensione eccessivamente giuridica ed esteriore della chiesa ('società perfetta'; 'corpo/corporazione di Cristo' identificato con la chiesa cattolica...).

L'uso della parola 'sacramento' o dell'espressione 'comunità sacramentale', riferite alla chiesa, può servire per non cadere in una visione puramente sociologica di essa, come se fosse una mera società civile, né in una visione puramente spiritualistica, come se la chiesa fosse una realtà fuori della storia. Questo concetto aiuta così a strutturare le due dimensioni basilari della chiesa – quella spirituale-trascendente e quella storico-visibile – come «una realtà complessa» (*LG* 8), che la categoria *sacramento*, inteso come *segno-sacro*, esprime: *segno*, cioè realtà storico-concreta, di carattere *sacro*, cioè spirituale-trascendente. Per comprendere meglio questo *segno sacro* può essere utile descriverlo a partire dalle tre dimensioni che la teologia classica ha applicato ai sacramenti. La chiesa può così essere detta sacramento nella sua triplice forma:

1. La chiesa come 'segno esterno' (*sacramentum tantum*) appare come «una società» (*LG* 8), quale espressione giuridica e sociale del suo essere una istituzione visibile e storica. Di fatto il concetto sociologico e giuridico di 'società' sottolinea che le sue relazioni sono strumentali e formali, e accentua la dimensione più 'giuridica' e 'visibile' della chiesa

2. La chiesa come 'segno interno' (*res et sacramentum*) appare come «comunità» (*LG* 8), espressione concreta del suo essere popolo di Dio grazie alla fede e ai sacra-

menti; questa dimensione è fondata sul concetto sociologico di 'comunità' che produce relazioni interpersonali, affettive e familiari, e mette maggiormente in risalto la comunione di 'amore' che è la chiesa.

3. La chiesa come 'realtà ultima' (*res tantum*) della «filiazione e della fraternità in Cristo», dato che – secondo il dettato di *LG* 1 – è segno e strumento della «intima unione con Dio» (ecco la filiazione) «e dell'unità di tutto il genere umano» (ecco la fraternità). Tutto perché si possa invocare Dio come 'Padre' (per la filiazione) e 'nostro' (per la fraternità). Ecco l'ultima ragione della chiesa come *sacramento*, cioè segno sacro esterno e interno!

Si tratta quindi delle sue tre forme strettamente articolate che raccolgono le diverse dimensioni della chiesa, a partire dalla sua visibilizzazione giuridica come 'società', dalla sua realtà vivente decisiva come 'comunità' di credenti e dalla sua finalità e realtà ultima, che comporta 'la filiazione e la fraternità' in Cristo[1].

[1] A partire da questa triplice forma della sacramentalità, si articola in tre ampi capitoli la nostra recente opera: *Eclesiología. La sacramentalidad de la comunidad cristiana*, Sígueme, Salamanca 2007 [trad. it., *Ecclesiologia. La sacramentalità della comunità cristiana*, Queriniana, Brescia 2008].

V.

LA CHIESA APOSTOLICA DELLE ORIGINI: NORMA E FONDAMENTO DELLA CHIESA DI TUTTI I TEMPI

L'importanza dell'epoca apostolica della prima chiesa è decisiva a motivo del carattere definitivo della rivelazione che, nella sua pienezza, è Gesù Cristo, dato che dopo di lui «non si deve aspettare alcuna nuova rivelazione pubblica prima della gloriosa manifestazione del Signore nostro Gesù Cristo» (*DV* 4), perché con lui abbiamo già la pienezza della rivelazione (*DV* 2) e, pertanto, tutto il necessario per credere come cristiani. Di conseguenza, quest'epoca attestata tanto dagli 'apostoli' quanto dai loro immediati successori, noti come «uomini apostolici» (*DV* 7, 18) *è norma e fondamento per la chiesa di tutti i tempi*.

Tutta questa tappa configura la chiesa primitiva e apostolica, la cui testimonianza ispirata è il Nuovo Testamento, redatto nella sua maggior parte durante il I secolo e concluso nei primi trent'anni o alla metà del II secolo, con la *Seconda lettera di Pietro*, che ne è l'ultimo libro in ordine cronologico. Già con sant'Ireneo, vescovo di Lione, nell'anno 177, inizierà il periodo successivo chiamato propriamente patristico (epoca dei padri della chiesa), importante per la sua prossimità agli apostoli e che durerà fino al VII/VIII secolo.

Orbene, l'estensione temporale della chiesa 'apostolica' dà la possibilità di articolarla in due fasi che inglobano approssimativamente le sue due generazioni: il periodo 'apostolico' degli inizi comprende la generazione personificata negli apostoli medesimi, la quale inizia con la Pasqua di Gesù nell'anno 30, viene segnalata dai suoi principali rappresentanti, quali furono Giacomo, Pietro e Paolo, e termina con la morte di questi grandi apostoli verso l'anno 65 d.C.; il secondo periodo, qualificato come 'post-apostolico', ha come protagonisti quegli 'uomini apostolici', immediati successori degli apostoli, che redassero buona parte del Nuovo Testamento, e dura sino al suo completamento con la *Seconda lettera di Pietro*, risalente agli anni 120/130 (o al massimo 150).

1. Il periodo apostolico degli inizi: anni 30-65

Molto presto, a partire dalla testimonianza della risurrezione, i cristiani divennero una comunità riconosciuta nella quale il battesimo aveva la funzione di designare i seguaci di Gesù. L'ampio uso delle espressioni 'comunità' e 'comunione' nel Nuovo Testamento – tredici volte nella letteratura paolina – manifesta la forma di vita di questi battezzati. Altri nomi antichi di questo gruppo negli *Atti degli apostoli* erano: i 'discepoli' (27 volte); il 'cammino' (6 volte); i 'santi' (3 volte); i 'cristiani' (*At* 11,26) e, soprattutto, la 'chiesa' (28 volte), che diventerà l'espressione prevalente nel suo riferimento alla 'assemblea' del Sinai con le 'dodici' tribù (*Dt* 4,10; 9,10; 18,16) e verrà usata per designare le prime 'assemblee' cristiane legate ai Dodici, sia a livello locale (*At* 15,45; 16,5) sia in un ambito più ampio (*At* 5,11; 9,31).

Il modello di vita di questa iniziale 'comunità/comunione cristiana' è ben descritto in *At* 2,42, e riflette un chiaro sfondo giudeo-cristiano nei suoi quattro aspetti: *la preghiera, la frazione del pane, l'insegnamento degli apostoli e la comunione dei beni.* Non stupisce il fatto che nella *Prima lettera di Pietro* questa esperienza comunitaria riceva la bella qualificazione innovativa della chiesa precisamente come «la fraternità» (2,17; 5,9).

Progressivamente la comunità primitiva si trovò di fronte a una nuova sfida – l'ingresso dei gentili –, che suscitò un vivace dibattito fra i suoi tre principali portavoce: Pietro, Giacomo e Paolo. Così, verso la metà del I secolo, nella comunità cristiana sorsero atteggiamenti diversi che riflettevano diversità teologiche attestate nel Nuovo Testamento e che diedero luogo a vari gruppi di cristianesimo iniziale: il primo gruppo insisteva sulla piena osservanza della Legge mosaica, compresa la circoncisione (*At* 11,2; 15,2...); il secondo gruppo reputava importante l'osservanza di alcune pratiche giudaiche, mantenendole dunque in vigore, ma senza la circoncisione (*At* 15; *Gal* 2; Pietro e Giacomo...); il terzo gruppo, in cambio, negava la necessità di pratiche giudaiche, in particolare quanto ai pasti (*At* 15,20-39; *Gal* 2,11-14; *1 Cor* 8; Paolo...); infine, il quarto gruppo non dava importanza al culto e alle feste giudaiche e si opponeva decisamente al Tempio (Stefano, in *At* 7,47-51; la *Lettera agli Ebrei* e testi giovannei...).

Questo quadro della comunità primitiva nel lasso di tempo che arriva fino all'anno 65 ha dei tratti fortemente apostolici, visto che vangeli, *Atti degli apostoli* e Paolo stanno a indicare l'importanza degli apostoli come gruppo e come individui in questo periodo formativo. Da qui le osservazioni già presenti nel documento cristiano più antico quale è la *Prima lettera ai Tessalonicesi*, che chiede rispetto per coloro che «vi fanno da guida nel Signore» (5, 12; cfr. *Rm* 12,8). Anche in scritti posteriori, del resto, si sottolinea la diversità di funzioni e servizi nelle prime chiese paoline: qui appare un ministero di 'supervisione' o di 'ispezione' (in greco: *episkopeîn*, donde la parola 'vescovo', cioè supervisore), oltre a quello dei diaconi o servitori (cfr. «i vescovi e i diaconi» di *Fil* 1,1), così come vengono enumerati numerosi carismi e una varietà di doni a servizio della comunità (*1 Cor* 12).

2. Il periodo post-apostolico: gli ultimi tre decenni del I secolo fino alla metà del II secolo

2.1. Una importante transizione: la scomparsa dei grandi apostoli

A partire dall'anno 66 le tre grandi figure più conosciute della chiesa delle origini – Giacomo, Pietro e Paolo – hanno subito il martirio. Negli ultimi tre decenni del I secolo i loro immediati collaboratori e successori, i cosiddetti uomini apostolici, si coprono sotto il manto degli apostoli appena scomparsi (donde la denominazione di 'seconda generazione apostolica'): infatti la lettera ai *Colossesi* e quella agli *Efesini*, oltre alle lettere pastorali, parlano a nome di Paolo benché non siano di sua mano; il vangelo più antico, *Marco*, prende il nome da un compagno di Pietro e di Paolo; *Matteo* viene attribuito a uno dei Dodici e *Luca* al compagno di Paolo; il quarto vangelo si riferisce alla tradizione del discepolo amato; e le lettere di *Giacomo*, *Pietro* e *Giuda* sono anch'esse esempi di questa evoluzione. In definitiva, la testimonianza cristiana di questo periodo diventa meno missionaria e mobile, e più pastorale e stabile, per consolidare le chiese costituite dai 'grandi apostoli' Giacomo, Pietro e Paolo nel precedente periodo apostolico (appunto fra gli anni 30 e 65).

Un'altra transizione interna fu il *progressivo predominio dei gentili*. Di fatto la distruzione di Gerusalemme fece sì che la chiesa di quella città non continuasse la funzione preminente che aveva prima dell'anno 65. Così, se *At* 15, 23 descriveva la Gerusalemme degli anni Cinquanta come l'interlocutrice dei cristiani di Antiochia, Siria e Cilicia, già alla fine del I secolo è la chiesa di Roma che si rivolge ai cristiani del Nord dell'Asia Minore e di Corinto (*1 Pt* 1,1) e viene qualificata, poco dopo il Nuovo Testamento, da sant'Ignazio di Antiochia, come la chiesa «che presiede nella carità». Qui appare chiara la difficoltà che Gerusalemme rappresentava per la prima chiesa e si capisce il 'trasferimento' di questo *status* primaziale alla capitale più importante del mondo antico: Roma.

Questa transizione va legata anche a quella del *giudaismo*. La rivolta giudaica degli anni tra il 66 e il 70 non ebbe un sostegno uniforme all'interno del giudaismo, in particolare nel settore più elitario dei farisei, che diventarono allora predominanti. I cristiani vennero progressivamente considerati come una 'scuola di pensiero' dissidente, visti come un 'movimento' o 'setta' ed esclusi dalla sinagoga (*At* 28,22). Gli stessi cristiani erano visti come 'atei', come conferma nell'anno 112 lo storico romano Plinio il Giovane, governatore di Bitinia. Ma a poco a poco il cristianesimo apparve come una nuova religione: mentre vi aumentavano coloro che provenivano dai gentili, i seguaci del Nazareno venivano man mano esclusi dalla sinagoga. Gli antichi privilegi d'Israele secondo l'Antico Testamento – «stirpe eletta, sacerdozio regale, nazione santa» (*Es* 19, 5s.) – divennero qualificativi tipici dei cristiani (*1 Pt* 2,9s.; *Ap* 1,6; 5,10). In questo modo il cristianesimo si staccò da un popolo determinato, presentandosi come *una religione chiaramente universale*, in quanto il movimento creato da Gesù, che era un'eredità giudaica, nel cristianesimo divenne universalmente accessibile. E fu questo il motivo principale della dolorosa scissione e rottura tra il cristianesimo e il giudaismo (cfr. *At* 28,17-31).

2.2. L'ECCLESIOLOGIA TARDIVA DEL NUOVO TESTAMENTO: LA TESTIMONIANZA DELLA LETTERATURA PAOLINA

La scomparsa dei grandi apostoli, la distruzione di Gerusalemme e la sempre maggiore separazione dal giudaismo provocarono varie reazioni nei cristiani del periodo post-apostolico, reazioni che configurarono gli elementi base dell'ecclesiologia nascente in una *istituzionalizzazione* progressiva che può essere sinteticamente descritta in tre tappe nell'ampia letteratura del Nuovo Testamento che ha origine in Paolo:

1. Una *istituzionalizzazione iniziale* che *costruisce* le prime chiese a partire dalla prima predicazione di Paolo verso gli anni 50 d.C. Così, le prime e grandi lettere, considerate in gran parte opera dello stesso Apostolo (*1 Ts* e *2 Ts*; *1 Cor* e *2 Cor*; *Rm*; *Gal*), manifestano gli esordi della chiesa in ciascun luogo come un'opera di istituzionalizzazione che *costruisce e crea* inizialmente diverse comunità cristiane. È un momento nel quale prevale una certa autorità carismatica, evidenziata dalla persona stessa di Paolo, autorità sempre radicata nella sua origine divina e apostolica.

2. Una *istituzionalizzazione progressiva* che *dà stabilità* alle chiese iniziali, a partire dagli anni 66 d.C. In effetti in questa seconda tappa, rappresentata dalle lettere paoline ai *Colossesi* e agli *Efesini*, scritte sotto l'influenza di Paolo, si percepisce come l'iniziale istituzionalizzazione delle comunità cristiane si vada a mano a mano *stabilizzando*, visto che l'assenza dell'Apostolo – in questo caso a motivo del martirio da lui subito – comporta lo stabilirsi di una certa autorità e organizzazione in queste chiese nascenti, secondo il modello delle strutture proprie della famiglia, in particolare per la funzione rilevante degli anziani, nonché per l'accentuazione dell'unità nella chiesa, pur nella diversità (*Ef* 4,4-6).

3. Una *istituzionalizzazione* delle comunità cristiane nascenti che le *protegge*, verso la fine del I secolo e gli inizi o la prima metà del II. In questa terza tappa appaiono le lettere pastorali (*1 Tm* e *2 Tm*; *Tt*) che raccolgono più da lontano lo spirito di Paolo e mostrano una istituzionalizzazione delle comunità cristiane iniziali che

tende a *tutelare* definitivamente la comunità. Da qui la funzione decisiva di Timoteo e Tito, ai quali sono dirette queste lettere, la funzione emergente dei *presbiteri*, parola greca che significa 'anziani', nonché la funzione di 'supervisione' in ciascuna città nota come *episcopato* (dalla parola greca *episkopeîn*, 'sovrintendere'), germe del ministero episcopale che uno degli anziani progressivamente eserciterà. E così nel 110, verso la fine di questa tappa post-apostolica, il vescovo Ignazio di Antiochia dà testimonianza del triplice grado del ministero apostolico, ormai consolidato nelle chiese antiche: vescovo, presbiteri, diaconi – stabiliti, secondo lui, «fino ai confini della terra».

2.3. Conclusione

Con l'ultimo scritto del Nuovo Testamento, che à la *Seconda lettera di Pietro*, la chiesa delle origini vedrà concludersi in senso proprio l'*epoca apostolica* e quindi la sua fase costitutiva e fondante, verso la prima metà del II secolo: epoca apostolica delle origini, che coincide con la redazione del Nuovo Testamento, visto che ambedue le cose sono correlative e fondanti. Si tratta quindi di un'epoca contrassegnata da una progressiva *istituzionalizzazione* della 'comunione' o 'comunità cristiana' nascente, che *costruisce* (prima tappa), *stabilizza* (seconda tappa) e *protegge* (terza tappa), nella quale emerge progressivamente la funzione dei successori degli apostoli il cui «ministero divinamente istituito viene esercitato in ordini diversi da coloro che già in antico vengono chiamati vescovi, presbiteri, diaconi» (*LG* 28).

A sua volta, l'immagine conclusiva dell'apostolo Pietro consegnataci dalla *Seconda lettera di Pietro* – uno scritto che parla anche degli apostoli Paolo (più aperto ai pagani) e Giacomo (più protettore dei Giudei) – serve di nuovo come figura-ponte tra le due tendenze e come parola finale e autorizzata della chiesa primitiva, norma e fondamento della chiesa di tutti i tempi.

VI.

LE ‘CONDIZIONI DI VITA’ NELLA CHIESA

Quali sono le diverse forme o condizioni di vita nella chiesa? Quali caratteristiche hanno e che servizio esercitano? Il concilio Vaticano II ha ricordato con chiarezza che nella chiesa «comune è la dignità dei membri [...], in quanto in Cristo e nella chiesa non c’è alcuna ineguaglianza: “Tutti voi siete ‘uno’ in Cristo Gesù”» (*LG* 32). A partire da questa affermazione basata sulla dignità fondamentale di tutti i cristiani radicata nel battesimo, lo stesso Vaticano II osserva che «esistono diverse condizioni di vita» (*LG* 43; meglio che ‘stati di vita’, espressione poco dinamica) che sono: il laicato, il ministero ordinato e la vita consacrata.

1. Il laicato: «I cristiani laici, chiesa nel mondo»

Il Vaticano II è stato il primo concilio che ha trattato formalmente del laicato: vi ha dedicato il cap. IV di *Lumen gentium* e il decreto sull'apostolato dei laici, *Apostolicam actuositatem*. Nella fase postconciliare è significativa l'esortazione apostolica di Giovanni Paolo II *Christifideles laici* ('I fedeli cristiani') del 1988, frutto del sinodo dedicato al laicato, la quale più che portare novità suona come vibrante appello alla missione nel mondo. Di fatto l'impostazione conciliare spicca per il suo carattere positivo nella descrizione del laicato, in quanto pone come priorità il fondamento sacramentale della sua condizione: il battesimo vissuto in forma peculiare, anche se non esclusiva, nella presenza prioritaria dei laici nelle condizioni più abituali del nostro mondo (famiglia, lavoro, educazione, cultura, politica...). Per questo si afferma che «è proprio e specifico dei laici il carattere secolare [in quanto] è proprio dei laici cercare il regno di Dio trattando le cose temporali e ordinandole secondo Dio» (*LG* 31). L'intera costituzione conciliare sulla chiesa e il mondo, *Gaudium et spes*, sarà in questo contesto un documento fondamentale per esplicitare questa missione di servizio nel mondo.

Il Vaticano II, inoltre, dedica attenzione all'articolazione associativa ecclesiale dei laici in funzione della loro missione e testimonianza evangelizzatrice nel mondo. E questa è senza dubbio una questione vivissima in tutta quella fase postconciliare che ha visto nascere nuove forme di movimenti e di associazioni laicali, come manifesta l'esortazione *Christifideles laici*. All'interno di tale contesto, dove si danno criteri per discernere questi nuovi movimenti, si può osservare come questo documento, seguendo i passi dello stesso concilio (cfr. *AA* 20), citi in forma esplicita come associazione soltanto l'Azione cattolica (n. 31).

Questo particolare riferimento deriva dalla peculiare attenzione che i papi le hanno rivolto, perché l'Azione cattolica, secondo la fine descrizione di Paolo VI, è «una forma singolare di ministerialità laicale, specificamente diretta alla collaborazione con i pastori». In effetti, ciò è in linea con la dottrina conciliare delle quattro note, e cioè: 1) la sua dimensione evangelizzatrice; 2) il protagonismo dei laici; 3) essere organizzazione peculiare e 4) la sua particolare comunione organica con il ministero pastorale (*AA* 20-24). Così, l'Azione cattolica non è un'associazione in più, ma, nelle sue diverse realizzazioni e specializzazioni (può infatti presentarsi in concreto sotto svariate sigle), ha la vocazione di manifestare la forma abituale apostolica dei 'laici della diocesi', come organismo che li orienta in forma stabile e associata al dinamismo della pastorale diocesana. Si tratta di una istituzione simile ad altre strutture diocesane, come per esempio la parrocchia, che è anch'essa 'forma abituale' – non unica ed esclusiva, ma certo la più comune – dell'organizzazione pastorale della diocesi (*Christifideles laici* 26s.).

E ciò non è frutto di un carisma di fondazione o di un privilegio specifico di questo gruppo, ma nasce dalla stessa teologia della chiesa diocesana e dalla necessità che essa ha di stimolare e assicurare la propria missione nel mondo per mezzo dei 'suoi' laici.

Conclusione: Verso alcune prospettive ecclesiologico-pastorali del laicato

In definitiva, dunque, si può delineare a grandi tratti la teologia conciliare del laicato come «una condizione sacramentale di servizio, una dimensione carismatica di libertà, una testimonianza evangelizzatrice nel mondo e un'appar-

I 'nuovi' movimenti

Durante il postconcilio la novità più vistosa relativa al tema dell'associazionismo ecclesiale è stata la comparsa e il consolidamento dei cosiddetti 'nuovi movimenti' o 'movimenti ecclesiali' (il *Cammino neocatecumenale* fondato da Kiko Argüello; i *Focolari* da Chiara Lubich; *Comunione e liberazione* da don Luigi Giussani; la *Comunità di sant'Egidio* da Andrea Riccardi... solo per citare i più noti) i quali, da un lato hanno creato un certo fascino per la loro vivacità e novità, e dall'altro hanno provocato una certa inquietudine a motivo del loro statuto difficilmente classificabile nelle abituali strutture ecclesiali.

La caratteristica più comune di questi nuovi movimenti è quella di cercare di coinvolgere la vita intera dei loro membri a partire dal carisma fondazionale. Si aggregano in essi sia ministri ordinati sia religiosi e religiose, laici sposati o non sposati, famiglie... donde il loro nome di 'movimenti ecclesiali' più che esclusivamente 'laicali'. Il loro modello vuole essere primariamente comunitario, contrassegnato fortemente dal 'fondatore' o dalla 'fondatrice', situazione che li assimila agli ordini religiosi, in particolare ai movimenti di rinnovamento ecclesiale del XIII secolo (gli ordini mendicanti: francescani, domenicani...).

Questa situazione crea questioni ecclesiologiche e pastorali notevoli, soprattutto perché non sempre è facile la loro coordinazione nell'ambito diocesano e parrocchiale. Non si può negare, comunque, che si tratta di realtà prevalentemente laicali, che mostrano un dinamismo e una fecondità vocazionale molto alta, con un senso di appartenenza forte e, in diversi casi, con una presenza collettiva, sociale e culturale che li rende degni di attenzione.

tenenza ecclesiale di corresponsabilità» (S. Pié-Ninot). E ciò, tenendo presente l'indicazione conciliare, oggi particolarmente urgente, secondo cui «la chiesa non è realmente costituita, non vive in maniera piena e non è segno perfetto di Cristo tra gli uomini, se con la gerarchia non si afferma e collabora un laicato autentico» (*AG* 21).

Concludendo, quindi, onde conferire dinamicità al laicato nella chiesa si aprono le seguenti prospettive: 1) in primo luogo intendere la missione del laico come «segno della chiesa nel mondo»; 2) in secondo luogo rendere possibile una vera e propria 'corresponsabilità' ecclesiale; 3) in terzo luogo comprendere i ministeri affidati ai laici come un servizio ecclesiale; 4) in quarto luogo tenere presente l''autonomia' propria dei laici nella chiesa; e infine 5) dare priorità ai «movimenti di evangelizzazione diocesani e laicali».

2. Il ministero ordinato: «A servizio dei suoi fratelli»

Il Vaticano II afferma: «Cristo Signore ha istituito nella sua chiesa vari ministeri che tendono al bene di tutto il corpo. Dotati di sacra potestà, i ministri sono a servizio dei loro fratelli» (*LG* 18). Questa potestà sacramentale, o sacerdozio ministeriale, è quella che, in virtù della sacra ordinazione, detengono il vescovo, con la pienezza del sacerdozio, e i presbiteri «suoi collaboratori» (*LG* 28). I diaconi partecipano a modo loro del sacramento dell'ordine, ovvero «per realizzare un servizio e non per esercitare il sacerdozio» (*LG* 29).

Il ministero del vescovo e dei presbiteri è «sacerdozio ministeriale [che] con la potestà sacra di cui è rivestito forma e dirige il popolo sacerdotale, compie il sacrificio eucaristico in persona di Cristo e lo offre a Dio a nome di tutto il popolo» (*LG* 10). Per questo lo stesso testo afferma che esiste una differenza 'essenziale' tra il sacerdozio ministeriale dei presbiteri e il sacerdozio comune di tutti i battezzati, in quanto ambedue trasformano tutta la persona, ma nel caso del sacerdozio ministeriale sarà esercitato come servizio alla comunità cristiana, mentre nel caso del sacerdozio comune costituirà il fondamento dell'essere cristiano. Si noti che il Vaticano II ha fatto in modo di introdurre la parola più propria e biblica di 'ministero' e 'servizio' per trattare del ministero pastorale del vescovo e dei presbiteri, in modo da circoscrivere la parola sacerdozio al 'sacerdozio comune' proprio dei battezzati, anche se non ha evitato del tutto di utilizzare l'espressione 'sacerdozio ministeriale' o 'gerarchico' per gli ordinati, dato il suo ampio uso popolare ed ecclesiale.

La solenne affermazione conciliare sull'episcopato come «pienezza del sacramento dell'ordine» (*LG* 21) rappresenta un 'recupero' della comprensione più antica del vescovo come «successore degli apostoli»; per questo egli è il pastore proprio della chiesa diocesana. A partire da qui è comprensibile il fatto di ricordare che «nelle chiese diocesane e a partire da esse esiste l'una e unica chiesa cattolica» (*LG* 23), e che tra di esse esercita un primato decisivo la chiesa di Roma, con il suo vescovo, il papa, successore di Pietro.

3. La vita consacrata: «La testimonianza radicale dei consigli evangelici»

È inoltre la prima volta che un concilio, quale è stato il Vaticano II, tratta dei 'religiosi', e questo già indica la funzione decisiva che ad essi viene assegnata nella chiesa come *testimoni specifici del momento e della pienezza escatologica*. Il loro 'stato' viene presentato, con un'espressione più dinamica, quale 'condizione di vita', e si sottolinea che «lo stato religioso non sta di mezzo tra la condizione dei chierici e quella dei laici, perché da entrambe le parti Dio chiama alcuni fedeli cristiani a beneficiare di questo dono speciale» (*LG* 43).

Vengono sottolineate l'origine carismatica e l'articolazione giuridica della vita consacrata all'interno della comunione ecclesiale, tenendo presente i 'molteplici' consigli evangelici, dai tre classici – celibato/verginità, povertà e obbedienza – fino agli altri, come l'amore, la rinuncia, il servizio agli emarginati... In definitiva, la finalità della professione dei consigli evangelici è di rendere presente nella chiesa «una santità più feconda» (*LG* 47).

Successivamente, l'esortazione postsinodale del 1996 circa la vita consacrata e la sua missione nella chiesa e nel mondo ha riaffermato «l'oggettiva eccellenza della vita consacrata» (*Vita consecrata* 18, 32, 105), che il Vaticano II valutava come «valore eminente» (*PC* 1), e ha rilanciato la testimonianza profetica anche delle nuove forme di vita consacrata, nonché la collaborazione pastorale con le diocesi, le parrocchie e le altre realtà ecclesiali.

L'articolazione ecclesiologica sinodale della chiesa

Laicato e ministero pastorale dei presbiteri e del vescovo

L'articolazione ecclesiologica delle diverse condizioni di vita nella chiesa viene data dalla loro specifica condizione sacramentale. Questo vale sia per il sacerdozio comune di tutto il popolo di Dio (*LG* 10), sia per il sacerdozio ministeriale, nel quale i vescovi, «essendo successori degli apostoli», hanno «la pienezza del sacramento dell'ordine» (*LG* 21) e i presbiteri sono i loro «collaboratori» (*LG* 28; *PO* 2). Donde le seguenti tre forme sinodali nella chiesa:

1. La *corresponsabilità* di tutto il popolo di Dio e particolarmente dei laici, uomini e donne, nella chiesa: per la loro «partecipazione attiva e responsabile» (*LG*, cap. IV; *SC*, cap. II; *AA*; *ChL* 29), per il loro diritto di manifestare il proprio parere (*LG* 37) e per le «funzioni ministeriali» che possono svolgere (*LG* 33; *AA* 24; *GS* 38), il cui fondamento sono battesimo e confermazione.
2. La *cooperazione* dei presbiteri con il proprio vescovo, dato che essi ricevono «il ministero di collaborare con l'ordine episcopale» (*LG* 28; *PO* 2, e la Preghiera di ordinazione dei presbiteri).
3. La *collegialità episcopale*, ovvero dei vescovi con il papa, il quale come 'primate' sulla cattedra di Pietro, «presiede alla comunione universale della carità» (*LG* 13; cfr. *LG* 22s.) che è la chiesa.

Si noti la differenza tra queste forme di sinodalità ecclesiale e il parlamentarismo democratico, per il quale è fondamentale il concetto di 'rappresentanza'. A differenza di quest'ultimo, lo specifico della chiesa è radicato nel fatto che, come 'comunità di fede', essa è regolata dal principio della comunione, il quale non può essere *rappresentato*, ma solo propriamente *testimoniato*. Per questo i membri delle diverse istanze consultive nella chiesa (consigli pastorali e presbiterali, sinodi, concili...) non sono 'rappresentanti' di tipo parlamentare, bensì membri scelti per testimoniare la loro fede e per contribuire al bene della chiesa.

Questa testimonianza di fede si esprime in particolare attraverso il 'consigliare nella chiesa' mediante il *voto consultivo*, il quale fa parte costitutiva del processo di formazione della decisione pertinente. Per questo il voto consultivo possiede una propria forza peculiare all'interno della struttura di comunione specifica della chiesa; di quel voto si deve tener conto in virtù del *sensus fidei* ('senso della fede') e a motivo dei carismi che lo Spirito santo suscita in tutto il popolo di Dio (cfr. *LG* 12, 27, 37)[1].

1 Cfr. la nostra ampia monografia su questo punto: *La sinodalitat eclesial*, Facultat de Teologia, Barcelona 1993, e la sua sintesi più recente nella nostra *Eclesiologia*, cit., 565-575 [trad. it. cit., 602-612].

VII.

LE NOTE E CARATTERISTICHE DELLA CHIESA COME COMUNITÀ CRISTIANA: UNA SINTESI DI ECCLESIOLOGIA

Quali sono le note e caratteristiche della chiesa di Gesù Cristo, e che cosa significano? La loro enumerazione compare per la prima volta nel Simbolo proclamato dai concili di Nicea e di Costantinopoli del IV secolo, la professione di fede conosciuta come Credo 'lungo', che è diventato il più abituale ed è usato nella celebrazione liturgica dell'eucaristia. Vi si qualifica la chiesa come «una, santa, cattolica e apostolica».

In linea con questa antica tradizione, il concilio Vaticano II ricorda che «nel Simbolo o Credo, professiamo la chiesa come *una, santa, cattolica e apostolica*», e innovando annota ancora che «questa chiesa, costituita e organizzata in questo mondo come società, sussiste nella chiesa cattolica, governata dal successore di Pietro e dai vescovi che sono in comunione con lui» (*LG* 8). In questo modo risulta chiaro che la chiesa una, santa, cattolica e apostolica «sussiste» (*LG* 8; *UR* 4) – vale a dire è presente e operante oggi in modo concreto e storico – nella chiesa cattolica.

Una tale affermazione significa che nella chiesa cattolica c'è la pienezza dei mezzi della salvezza, anche se esistono altre comunità cristiane separate da essa, come le chiese orientali separate o ortodosse, le comunità protestanti, la comunione anglicana, nelle quali si trovano 'elementi di chiesa', quali quelli fondamentali che sono il battesimo e la fede in Gesù Cristo, nonché la venerazione della Scrittura, la preghiera, altri sacramenti... Si noti che se tra questi ultimi elementi si trovano i sacramenti dell'eucaristia e dell'ordine (l'episcopato), tali comunità saranno qualificate come 'chiese', come è il caso delle chiese orientali e ortodosse separate; nel caso invece delle confessioni protestanti provenienti dalla Riforma, dato che esse mancano di questi due elementi dell'eucaristia e dell'episcopato, il Vaticano II le qualifica come «comunità o comunioni ecclesiali» (*LG* 15; *UR* 3, 15, 22).

Si noti inoltre che affermare che *la chiesa cattolica è vera 'oggettivamente' perché possiede in forma piena i mezzi di salvezza non equivale a dare alla chiesa un valore assoluto, attribuibile unicamente a Dio.* La chiesa verrà giudicata in modo definitivo alla fine dei tempi (cfr. *Mt* 19,28), per cui durante la storia del nostro mondo «comprende nel suo seno i peccatori, è santa e insieme ha bisogno di purificazione» (*LG* 8). Così, dunque, una posizione che volesse sopprimere questa tensione e negasse di fatto l'autonomia propria delle realtà storiche sarebbe in contraddizione con questa situazione della chiesa, che non è mai compiuta sulla terra, ma è sempre pellegrina, fra il 'già' della salvezza realizzata in Cristo e il 'non ancora' del suo cammino verso la realizzazione piena, dato che «la chiesa avrà pieno compimento soltanto nella gloria del cielo» (*LG* 48). Certo, l'errore non ha obiettivamente lo stesso diritto che si riconosce alla verità, ma, a motivo del perdurare del nostro mondo nella storia della salvezza, gli si concede tempo per la purificazione, fino alla fine dei tempi, come ricorda Gesù quando dice: «Lasciate che la zizzania e il grano crescano insieme fino alla mietitura» (*Mt* 13,30). Così, se ben compresa, l'affermazione secondo cui la chiesa cattolica è quella vera per il fatto di possedere la pienezza dei mezzi di salvezza rende possibile, in senso autentico, la libertà di coscienza e di religione, e di conseguenza vieta qualsiasi mezzo di coazione al servizio del vangelo. Ecco, dunque, uno dei punti 'delicati' che la chiesa è andata maturando attraverso i tempi, guidata dallo Spirito!

In questo senso, inoltre, bisogna tener presenti i *due livelli implicati quando si tratta della salvezza*: da un lato, il *livello personale soggettivo*, per il quale si riconosce la possibilità individuale della salvezza a tutte le persone «che ignorano il vangelo di Cristo e la sua chiesa senza loro colpa, ma cercano sinceramente Dio e sotto l'influsso della grazia si sforzano di compiere fattivamente la volontà di Dio conosciuta attraverso il dettame della coscienza» (*LG* 16; anche *GS* 22 e *AG* 7). Dall'altro lato, a *livello reale-oggettivo*, si afferma – anche se, certo, in modo pienamente percepibile solo mediante la fede – che la chiesa cattolica è quella vera perché possiede in pienezza i mezzi di salvezza, e insieme si riconosce che le altre chiese e comunità ecclesiali sono pure esse 'strumenti di salvezza', benché non lo siano in forma piena e integra (cfr. *UR* 3). Questa confessione che *la chiesa cattolica è quella vera non implica che i cattolici siano 'migliori'* degli altri cristiani, ma significa che, grazie al dono della fede, la chiesa cattolica crede di avere i mezzi 'più pieni' – e quindi si può oggettivamente dire 'migliori' – per conseguire la salvezza. Questo peraltro non presuppone maggiore facilità nell'accesso alla salvezza, bensì maggiori esigenze in ordine ad essa, secondo la chiara affermazione conciliare che per questo motivo «i cattolici saranno giudicati più severamente» (*LG* 14).

In definitiva queste quattro proprietà o note dell'*unità*, *santità*, *cattolicità e apostolicità* che definiscono la chiesa sono sempre una realtà in cammino, caratterizzata sia da un *già* di ciò che la chiesa è chiamata a essere come comunità cristiana una, santa, cattolica e apostolica, sia dal fatto che *non è ancora* pienamente realizzata nel corso della storia. Per questo i membri della chiesa debbono sempre chiedere perdono, come ricordano tanto il sacramento della penitenza (che è per tutti, dal papa all'ultimo dei fedeli!), quanto il sacramento dell'eucaristia (che inizia sempre con una richiesta di perdono).

1. La chiesa come comunità cristiana 'una'

1.1. La piena unità ecclesiale: i vincoli della professione di fede, della celebrazione dei sacramenti e della comunione con il ministero pastorale (*LG* 14)

a) *Il vincolo della fede*: la professione di fede è il principio di unione tra i credenti, in quanto produce l'unità interna nella chiesa attorno a un unico e medesimo centro della fede quale è la rivelazione di Dio per mezzo di Gesù Cristo nello Spirito, che si può sintetizzare in questo modo: «credere in Gesù come Dio e Salvatore» (*UR* 12; cfr. *At*

8,37). Oltre a ciò, la professione di fede è principio di unità esterna, in quanto comporta alcune mediazioni visibili comuni quali sono il medesimo testo del Credo, nonché una professione e testimonianza nella vita, la celebrazione liturgica, l'"ordine' e il diritto ecclesiale..., poiché la rivelazione che Dio ha comunicato agli uomini è una parola data alla comunità ecclesiale e ai suoi membri che la trasmettono a questi tre livelli: «nella dottrina, nella vita e nel culto» (*DV* 8).

b) *Il vincolo dei sacramenti*: il vincolo iniziale è il battesimo che, insieme all'eucaristia, significa e realizza la chiesa, per cui l'uno e l'altra sono riconosciuti come sacramenti 'maggiori'. Per questo la tradizione cristiana antica interpretava questi due sacramenti, che uniscono a Cristo e creano la chiesa, a partire dalla loro forma simbolica: l'acqua (il battesimo) e il sangue (l'eucaristia) che sgorgarono dal costato del Crocifisso (*Gv* 19,34). Si riconosce poi che l'eucaristia è il sacramento massimo e che il suo effetto profondo è l'unità di tutta la chiesa, come corpo mistico ed ecclesiale di Cristo e di tutti i credenti, unità che si realizza anche negli altri sacramenti (confermazione, penitenza, matrimonio, ordine e unzione degli infermi).

c) *Il vincolo della comunione ecclesiale*: i vincoli della professione di fede e della celebrazione dei sacramenti sono i due pilastri fondamentali che *causano* e quindi rendono possibile l'appartenenza alla chiesa. Da parte sua, il ministero pastorale dei vescovi e dei presbiteri ha la funzione di essere *testimonianza e servizio* alla fede e ai sacramenti, per cui esso con piena ragione viene qualificato dallo stesso Vaticano II come *diakonía*, vale a dire come un servizio e ministero nella chiesa (*LG* 24). In questo modo la comunità della chiesa può essere presentata come riflesso dell'unità del Dio dei cristiani, come «un popolo radunato nell'unità del Padre, del Figlio e dello Spirito santo» (*LG* 4; *UR* 2).

1.2. I GRADI DELLA COMUNIONE E DELL'APPARTENENZA ALLA CHIESA (*LG* 13-17)

Il Vaticano II indica *diversi gradi di appartenenza alla chiesa*, e lo fa in questi termini: «A questa cattolica unità [...] sono chiamati tutti gli uomini; ad essa in vari modi appartengono, oppure ad essa sono ordinati, sia i fedeli cattolici, sia gli altri credenti in Cristo, sia infine tutti gli uomini» (*LG* 13). A partire da questo criterio vengono messi in rilievo i diversi gradi di appartenenza alla chiesa, seguendo una prospettiva concentrica di comunione: *una comunione piena e totale*, come in linea di principio dev'essere per i cattolici, attraverso i tre vincoli integri della fede, dei sacramenti e della comunione visibile (*LG* 14); *e una comunione parziale*, come avviene per i cristiani non cattolici (protestanti, anglicani, ortodossi) ai quali manca la 'pienezza', vale a dire l'uno o l'altro dei tre vincoli (*LG* 15), o, per finire, come avviene per tutte le persone di buona volontà non cristiane che cercano la verità e «sono anch'esse ordinate alla chiesa», in quanto le diverse religioni e culture possono essere «una preparazione evangelica» (*LG* 16).

Nel contesto di questa comprensione della comunione ecclesiale per cerchi concentrici viene riaffermata la missione della chiesa nell'annuncio esplicito del vangelo, affinché l'umanità possa arrivare a conoscere Gesù Cristo: la chiesa crede con tutta la sua forza che «solamente nel mistero del Verbo incarnato trova vera luce il mistero dell'uomo» (*LG* 22). Essa quindi non può tralasciare di annunciarlo e proporlo come pienezza dell'umanità, perché se non si predicasse Cristo sarebbe molto arduo, laborioso e difficile giungere realmente a conoscerlo e ad amarlo (cfr. *DV* 6)!

1.3. Verso alcuni modelli ecclesiologico-pastorali sull'appartenenza ecclesiale

Sui contenuti espliciti della professione di fede bisogna situarsi in una visione processuale che consideri la fede cristiana in chiave di «gerarchia delle verità», come affermato dal Vaticano II (*UR* 11, e *Catechismo della chiesa cattolica*, n. 90). Ciò non per selezionare alcune verità rispetto ad altre, bensì per centrarsi su quelle più essenziali, quale è il «credere in Gesù come Dio e Salvatore» (*UR* 12), come germe di tutta la fede cristiana vista da una prospettiva 'catecumenale'. In questo senso, sono qui utili le riflessioni sulla 'fede implicita' presente in ogni persona di buona volontà (Tommaso d'Aquino), come anche il concetto di cristianesimo anonimo o fede anonima, in base alla constatazione che esiste una certa «cristologia in ricerca e anonima» in ciascuna persona onesta a partire dalle tre esperienze centrali umane che sono l'amore, la morte e il futuro, nelle quali il significato del cristianesimo esplicito e l'esperienza di questo «cristianesimo in ricerca o anonimo» coincidono nella persona di Cristo (Karl Rahner).

Urge, inoltre, realizzare 'spazi' e 'reti' di appartenenza ecclesiale che creino relazione e diano insieme libertà: gruppi animati da cristiani, largamente aperti a persone che non condividono o condividono poco la fede cristiana, gruppi di riflessione di ogni tipo, di studio, di lettura della Bibbia, di preghiera, di revisione..., movimenti di giovani e adulti, istituzioni educative, organizzazioni caritative e sociali, opere e associazioni di tipo culturale... In questo modo si possono associare alla vita ecclesiale, con rispetto e apertura, persone che appartengono alla chiesa debolmente o parzialmente o che sono lontane da essa.

E bisogna anche tenere presente la sempre maggiore asimmetria tra i fedeli 'attivi', che condividono una significativa appartenenza alla chiesa, e quelli 'inattivi', come anche l'aumento della non credenza che comporta per i credenti un'esperienza spesso sconcertante e difficile quale è quella di essere «un piccolo gregge» (*Lc* 12,32) e un «resto fedele» (*Rm* 9,27). Una tale realtà va presa, spiritualmente ed ecclesialmente, come una chiamata a essere più chiesa 'in missione' che, pur essendo 'piccola', ha la volontà evangelica di essere «lievito nella pasta» (*Lc* 13,21), perché Cristo si fa presente «nei fratelli più piccoli» (*Mt* 25,40). Secondo il Vaticano II «in queste comunità, anche se spesso piccole e povere o viventi nella dispersione, è presente Cristo, per virtù del quale si raccoglie la chiesa una, santa, cattolica e apostolica» (*LG* 26).

E così, a partire dalla comunione ecclesiale piena, basata sulla professione di fede e la celebrazione sacramentale, al cui servizio sta il ministero pastorale, e tenendo presente la realtà attuale della chiesa (dei credenti in generale e dei cattolici di oggi) si apre un importate cammino verso una visione dell'appartenenza ecclesiale processuale, germinale, parziale, aperta, pellegrinate, itinerante, implicita, creativa, dialogale, di frontiera..., con 'spazi', 'luoghi', 'gruppi', 'servizi', 'istituzioni' e 'reti' ecclesiali di riferimento, di accoglienza, di presenza, di partecipazione, di complicità, di servizio, di comunione...

In questo senso può essere utile guardare al vangelo, nel quale si trovano diversi gradi di relazioni e vincoli esterni con Gesù Cristo, che possono aiutare ad approssimarsi meglio a questi «diversi modi» (*LG* 13, 16) di appartenenza alla chiesa, applicati in questo caso anche ai cattolici. Così, cominciando dai più lontani, troviamo uditori e osservatori occasionali di Gesù; poi quelli che cercano un aiuto particolare, come gli infermi, i peccatori e le persone marginali; un po' più vicino si trovano i discepoli e i seguaci, tra i quali emergono alcuni più interessati, come Zaccheo, Nicodemo e Giuseppe di Arimatea; infine, e in misura rilevante, i più vicini, il gruppo dei Dodici e il suo nucleo intimo formato da Pietro, Giovanni e Giacomo. Si tratta quindi di una visione radiale e dinamica della relazione con Gesù, tale da dare un buon fondamento ai «diversi modi» della comunione ecclesiale, dei quali parla il Vaticano II.

A partire dall'analisi ecclesiologico-pastorale sulla situazione attuale sono numerose e diverse, senza dubbio, le risposte che si possono dare alle questioni davvero scottanti che non cessano di nascere sull'appartenenza alla chiesa, per rendere possibile il cammino verso la partecipazione piena!

2. La chiesa come comunità cristiana 'santa'

2.1. La chiesa è 'santa'

'Santa' è stata la prima caratteristica, nota e aggettivo che la chiesa ha ricevuto, e ciò già all'inizio del II secolo.

L'importanza di una tale qualificazione della chiesa viene ulteriormente affermata dalla formula «comunione dei santi» che si trova già nel Credo apostolico più antico, e il cui significato, da un lato, si riferisce alla comunione 'dei doni santi', ovvero i doni per eccellenza della chiesa quali sono i sacramenti e la Parola di Dio; dall'altro, indica anche la comunione 'delle persone sante', vale a dire l'*unione vitale* di ricordo, preghiera e intercessione che si crea con coloro che hanno lasciato la vita presente e «sono nella gloria» o «vengono ancora purificati» (*LG* 51), comprensione da cui è scaturita la preghiera per i defunti e il ricordo riconoscente e implorante di tutti coloro che ci hanno lasciato la loro testimonianza di santità, riconosciuta in modo speciale dalla chiesa (i santi e le sante!).

Non è strano, quindi, che il Vaticano II, seguendo questa tradizione, chiami la chiesa «indefettibilmente santa» (*LG* 39) e, con le parole del Credo, «chiesa santa» (*LG* 5, 8), «sposa immacolata» (*LG* 6), «popolo santo» (*LG* 9), «degna sposa» (*LG* 9), «sacerdozio santo» (*LG* 10), e che poi parli della «santità della chiesa» (*LG* 30, 42) e di quella del «popolo di Dio» (*LG* 40). Si tratta di affermazioni che evidenziano il fatto che in Gesù Cristo

> la fine dei tempi è già arrivata per noi (cfr. *1 Cor* 10, 11); il rinnovamento del mondo è stato irrevocabilmente deciso e in qualche modo realmente anticipato nel tempo presente: infatti la chiesa è insignita di vera santità già qui sulla terra, anche se in modo imperfetto (*LG* 48).

Si tratta, dunque, della santità di cui *già* la chiesa partecipa: piena in se stessa, ma imperfetta per il fatto che *non* si è *ancora* realizzata pienamente in tutti e ciascuno dei credenti.

2.2. La chiesa ha bisogno di purificazione, di rinnovamento e di riforma

Oltre a ciò, però, il Vaticano II sottolinea con forza che la chiesa «comprende nel suo seno i peccatori» e per questo, dal momento che è «santa e insieme ha bisogno di purificazione, si dà alla penitenza e al rinnovamento» (*LG* 8). In effetti, in un testo che ricorda le divisioni storiche tra cristiani, il concilio afferma: «La chiesa pellegrina sulla terra è chiamata da Cristo a questa perenne riforma della quale essa, in quanto istituzione umana e terrena, ha continuo bisogno» (*UR* 6). In questo modo il concilio accentua il carattere pellegrinante della chiesa, la quale non coincide con il regno di Dio; il regno, nondimeno, è in essa misteriosamente presente: se la chiesa ne rappresenta un inizio, contemporaneamente essa anela che il regno giunga alla pienezza (*LG* 5).

Questa visione della santità della chiesa fu difesa con impegno da sant'Agostino: contro le tendenze rigoristiche e puritane della sua epoca, che difendevano una chiesa solo di 'santi', egli non si stancava di citare i testi evangelici che contengono l'idea di una chiesa in cui convivono la zizzania e il grano, in cui pesci buoni e pesci cattivi vengono pescati con la stessa rete (cfr. *Mt* 13,24-50). In definitiva, quindi, la necessità di purificazione, di rinnovamento e di riforma è connaturale alla chiesa, in quanto essa è «un'unica realtà complessa fatta di un duplice elemento, umano e divino» (*LG* 8).

E così nella chiesa esistono due dimensioni, perché essa, da una parte, è «santa» (*LG* 39), quale *madre* che comunica i doni santi «della Parola e dei sacramenti» che la configurano e che sempre sono «santi» (*LG* 26); dall'altra, quale *fraternità* umana, «entra nella storia degli uomini» (*LG* 9) e pertanto ha una dimensione di limitazione e di peccato in quanto include «nel suo seno i peccatori» ed «è chiamata a una perenne riforma» (*UR* 6). Per cui, quando si parla della santità della chiesa conviene distinguere in questo modo: la chiesa *è pienamente santa* per ciò che comunica attraverso lo Spirito, e cioè la Parola di Dio e i sacramenti, che sono in se stessi santi (anche se i loro ministri possono non esserlo!). Ma, nello stesso tempo, *è peccatrice* nel senso che tutti i suoi membri – da un qualsiasi laico allo stesso pontefice! – sono in cammino di conversione e debbono chiedere perdono a Dio e ai fratelli... Per questo il chiedere perdono a Dio – per esempio all'inizio di ogni eucaristia – e il sacramento della penitenza, anche se non sempre è facile, fanno parte dell'essere stesso della chiesa come comunità essenzialmente 'pellegrinante'.

3. La chiesa come comunità cristiana 'cattolica'

3.1. La chiesa universale e vera

L'attributo 'cattolico', che significa 'totalità', appare per la prima volta con sant'Ignazio di Antiochia (II secolo) e progressivamente, a partire da allora, assumerà un duplice significato: quello di *universalità* e quello di *autenticità*. A partire dal IV secolo questo attributo viene incorporato in diversi Simboli fino a venir fissato nel Credo niceno-costantinopolitano. Da allora, questi due significati non hanno cessato di coesistere ed esprimere questi due tratti: la fede è 'cattolica' perché si presenta a tutti per la sua veracità e autenticità, e insieme è 'universale' perché si estende in ogni parte, grazie alla sua estensione planetaria. Quest'ultimo significato è quello preminente nel secondo millennio cristiano.

Il Vaticano II ha unito l'affermazione della cattolicità della chiesa a quella della sua missione. In effetti, quando si descrive l'universalità o la cattolicità dell'unico popolo di Dio, si conclude con queste parole:

> A questa cattolica unità del popolo di Dio che prefigura e promuove la pace universale, sono dunque chiamati tutti gli uomini; ad essa in vari modi appartengono, oppure ad essa sono ordinati sia i fedeli cattolici, sia gli altri credenti in Cristo, sia infine tutti gli uomini che la grazia di Dio chiama alla salvezza (*LG* 13).

Questa dimensione viene esplicitata più oltre, nella frase conclusiva del numero dedicato all'aspetto missionario della chiesa; il fine di questa missionarietà è che «la pienezza del mondo intero sia trasformata in popolo di Dio, in corpo del Signore e in tempio dello Spirito santo, e in Cristo capo siano resi onore e gloria al Creatore e Padre di tutti!» (*LG* 17).

3.2. La chiesa locale o diocesana come la realizzazione della cattolicità della chiesa in un luogo

Il concetto teologico di chiesa locale o diocesi comporta, secondo il Vaticano II (cfr. *CD* 11), gli elementi che seguono.

L'*elemento fondamentale*, quello nel quale trovano la loro ragione gli altri elementi che formano la chiesa diocesana, è l'espressione «porzione del popolo di Dio», che il concilio ha preferito a quella di 'parte' (*CD* 11, 28; *LG* 23^{2x}, 26, 28). In effetti, 'parte' implica una concezione frammentaria di chiesa, mentre 'porzione' evoca una relazione di proporzionalità come la 'parte per il tutto', e diventa così una formula più adeguata per una visione teologica della chiesa locale intesa come realizzazione della chiesa di Dio presente in un luogo determinato.

Gli *elementi costitutivi che rendono possibile* questa «porzione del popolo di Dio» sono, in primo luogo, la sua origine trascendente, vale a dire «lo Spirito che inabita nella chiesa» (*LG* 4). Al secondo posto si collocano gli *elementi 'visibili-sacramentali'* quali «la Parola o vangelo» e «il sacramento o eucaristia» – elementi qualificati come le «due mense» (*SC* 48, 51; *DV* 21; *PO* 18; *PC* 6). In terzo luogo esiste l'*elemento ministeriale*, formato dal vescovo in collaborazione con i presbiteri (*LG* 28): come capo e pastore di una chiesa locale, egli è «il principio visibile e il fondamento dell'unità della sua chiesa particolare» (*LG* 23).

Appare infine l'*elemento determinativo* della realizzazione della chiesa di Dio in un luogo, che è la diocesi o chiesa locale in quanto incarnata nel «proprio territorio socio-culturale» (*AG* 22).

A partire dal IV secolo 'diocesi' designa la chiesa locale come «*territorio* affidato a un vescovo». Ora, bisogna tenere presente la realtà attuale: una persona può 'appartenere' a diversi luoghi, come chi emigra per lavoro, chi dorme in una città e lavora in un'altra, o chi nel finesettimana si sposta in un altro luogo. Di conseguenza la territorialità, prima di essere considerata esclusivamente come un radicamento in un luogo fisico particolare, è *primariamente relazione tra persone*. In questo modo l'identità propria di un territorio proviene sempre dalla cultura fatta di un insieme di molteplici relazioni sociali e personali: situazione, questa, che crea determinati ambiti o aree culturali a seconda dei mezzi, delle ubicazioni, dei tempi e spazi umani propri (famiglia, figli, anziani, giovani, studenti, operai, professori, intellettuali, universitari, amministratori, liberi professionisti, mondo commerciale, agricolo e rurale, personale dei servizi, istituzioni sociali, educative, culturali, sindacali, politiche, religiose, sportive, mezzi di comunicazione, nuovi servizi tecnologici...). In definitiva, occorre tener presente che, affinché non esistano contraddizioni con la natura della chiesa locale, è necessario che quando per circostanze concrete esistano chiese 'particolari' o parrocchie non territoriali, questo si realizzi a partire da criteri oggettivi, onde evitare che diventino strutture parallele. Di conseguenza, la coesistenza di queste strutture personali gerarchiche all'interno del territorio di una chiesa locale deve essere articolata da un duplice principio: quello della comunione e quello del riconoscimento di una preminenza del vescovo e del parroco locale.

Bisogna considerare che la prospettiva ecclesiologica innovativa del Vaticano II sulla chiesa locale, oltre a basarsi sulla riscoperta della sacramentalità dell'episcopato, grazie alla successione apostolica (cfr. *LG* 18-21), ha come elemento costitutivo la comprensione delle chiese locali come 'soggetti attivi' e non come semplici 'delegazioni' della chiesa universale, intesa come un'unica diocesi. In tal modo le chiese locali appaiono come 'chiese-soggetto' della cattolicità della chiesa, in quanto ciascuna di esse è non una parte, bensì una porzione del popolo di Dio, nella quale «è veramente presente e opera la chiesa di Cristo, una, santa, cattolica e apostolica» (*CD* 1; cfr. *LG* 23).

3.3. La cattolicità delle chiese locali presieduta dal vescovo di Roma

Il Vaticano II, nel descrivere la chiesa come «comunione di chiese», ha reimpostato tutta questa questione in una chiara prospettiva di sintesi tra la prospettiva comunionale del primo millennio ecclesiale, e la prospettiva più giuridico-universalista del secondo millennio. Ecco il testo conciliare che funge da chiave per questa comprensione di sintesi:

> Quale successore di Pietro, il Romano Pontefice è il perpetuo e visibile principio e il fondamento dell'unità sia dei vescovi sia della moltitudine dei fedeli. I singoli vescovi, invece, sono il principio visibile e il fondamento dell'unità delle loro chiese particolari, le quali sono formate ad immagine della chiesa universale: in esse e a partire da esse esiste l'una e unica chiesa cattolica (*LG* 23).

In tal modo, dunque, si sottolinea che esiste tra le chiese locali e la chiesa universale un'interrelazione reciproca, come suggerisce il saluto di Paolo nelle sue lettere: «La chiesa di Dio *che è in Corinto*» (*1 Cor* 1,2; *2 Cor* 1,1). E quindi la chiesa di Dio 'cattolica', vale a dire 'secondo la totalità' e 'universale', si realizza *in e a partire da* ciascuna chiesa locale diocesana. Questa, a sua volta, è 'cattolica' se vive in comunione con la 'totalità' e 'cattolicità' quale è la chiesa santa di Dio. La chiesa locale, quindi, per mantenere la sua 'totalità-cattolicità-universalità', deve stare *in comunione con tutte le chiese locali*, tra le quali quella che in modo decisivo esprime la comunione ultima: la chiesa di Roma e il suo vescovo, il papa, in virtù della sua funzione primaziale, in base alla quale ha, come Pietro, la missione di «confermare i fratelli» (*Lc* 22,32).

4. La chiesa come comunità cristiana 'apostolica'

4.1. La successione ministeriale dell'apostolicità

L'idea di apostolicità, radicata nel Nuovo Testamento, viene elaborata in primo luogo da sant'Ireneo di Lione (fine II secolo) attraverso il principio storico della 'tradizione per successione', che diventerà un principio decisivo per comprenderla: affermare l'apostolicità della chiesa sarà come riaffermare la sua autenticità.

Tale apostolicità comporta questi tre aspetti inseparabili: 1) l'apostolicità *dottrinale e missionaria*, nel senso che è sempre necessario riferirsi alla dottrina della fede attestata dagli apostoli e al compito di realizzare la loro missione 'apostolica'; 2) l'apostolicità *ministeriale e personale*, in quanto si riferisce ai vescovi e ai loro collaboratori, i presbiteri, il cui ministero è 'apostolico' nel senso che è chiamato a essere servizio e garanzia di questa apostolicità mediante la continuità delle persone che lo rendono visibile; e 3) l'apostolicità *esistenziale e vitale*, in quanto la chiesa fonda la propria vita sul carattere 'apostolico' del vangelo trasmesso dagli apostoli.

4.2. La tradizione e successione storica dell'apostolicità: chi sono i successori degli apostoli

La ricerca storica contemporanea è concorde nell'affermare che nella chiesa delle origini si delinea uno sviluppo iniziale che conduce, in pieno II secolo, alla stabilizzazione e al riconoscimento generale del ministero pastorale dei vescovi, qualificati precisamente come «successori degli apostoli» e che, per questo, formano il «collegio episcopale». Non stupisce se poco dopo, già nel III secolo, il rituale di ordinazione più antico che conosciamo – la *Tradizione apostolica* di Ippolito di Roma – attesta che la figura del vescovo con i presbiteri e i diaconi era già abituale e veniva considerata come una istituzione necessaria per la chiesa.

Per questo in *LG* 18, con riferimento al Vaticano I, il concilio Vaticano II ha ricordato che

> Cristo ha voluto che i successori degli apostoli, cioè i vescovi, siano i pastori della chiesa fino alla fine dei tempi. Affinché poi l'episcopato resti uno e indiviso, ha preposto agli altri apostoli il beato Pietro, e in lui ha istituito il principio e il fondamento perpetuo e visibile dell'unità della fede e della comunione.

Per questo, continua poco dopo la costituzione conciliare, «i vescovi hanno assunto il ministero della comunità insieme con i presbiteri e i diaconi loro collaboratori» (*LG* 20) e sono i pastori della chiesa diocesana che presiedono.

Così, dunque, il 'collegio episcopale' formato da *tutti i vescovi presieduti dal vescovo di Roma*, il papa, ha la responsabilità ultima – o «potestà suprema e piena» – sulla chiesa intera, potestà che viene esercitata in maniera solenne nei concili ecumenici (cfr. *LG* 22; in tutta la storia della chiesa ne sono stati celebrati ventuno). Esistono inoltre altre espressioni di questa 'collegialità episcopale', quali sono i concili particolari, provinciali o plenari, anche se la costituzione delle conferenze episcopali li ha quasi del tutto eclissati. Spiccano, infine, e in modo rilevante, due istituzioni nuove promosse dal concilio Vaticano II: le conferenze episcopali di ciascun paese e il sinodo dei vescovi, che raduna periodicamente i rappresentanti dell'episcopato con il papa (dal Vaticano II fino al 2009 ne sono stati celebrati dodici ordinari, due straordinari, sette continentali e due nazionali).

4.3. L'apostolicità e la successione del vescovo di Roma

La peculiare successione del vescovo di Roma rientra nella concezione propria dell'apostolicità della chiesa cattolica. Di fatto, durante il primo millennio ecclesiale fu una realtà più vissuta che formulata. A questo proposito emergono quattro grandi testimoni antichi: in primo luogo sant'Ignazio di Antiochia, che nel 110 parla di Roma come della chiesa che «presiede alla carità» (*Lettera ai Romani* 3,1); in secondo luogo sant'Ireneo di Lione, che negli anni 180-190 qualifica la chiesa di Roma come quella con la quale «a motivo della sua origine più eccellente deve concordare tutta la chiesa» (*Adversus haereses* III, 3,1s.); in terzo luogo, sempre alla fine del II secolo, a motivo della discussione sulla Pasqua si ha testimonianza della prima iniziativa del vescovo di Roma per la chiesa intera, iniziativa volta a salvare la comunione basata sul 'comune consenso' (cfr. Eusebio di Cesarea, *Storia ecclesiastica* V, 24); e infine appare l'iniziale riflessione teologica del papa Leone Magno (anni 440-461), che qualifica il vescovo di Roma come «successore di Pietro» incaricato di reggere la chiesa intera, affermazione che si rese palese nel suo intervento durante il secondo concilio della storia della chiesa, il concilio di Calcedonia (anno 451).

Tuttavia la riflessione specifica sul papa si ebbe soprattutto a partire dalla Riforma protestante (XVI secolo) che divenne decisiva, benché si trattasse di una questione latente fin dalla drammatica separazione delle chiese orientali dell'Ortodossia dalla chiesa cattolica, già nell'anno 1054. Sarà quindi a partire dal XVI secolo che lo studio storico del primato del papa, vescovo di Roma, e dei suoi successori, fu visto come una delle vie per mostrare che la chiesa cattolica è quella vera. Questa via divenne progressivamente la più significativa e con il concilio Vaticano I (1870), che definì il primato e l'infallibilità del pontefice a certe condizioni, trovò la sua *magna charta* nella ecclesiologia che si prolungò con vigore fino al Vaticano II. In quest'ultima assise conciliare il ministero petrino venne integrato in una visione più ampia della comunione delle chiese e dei loro vescovi con il papa.

a) L'immagine neotestamentaria di Simon Pietro e del suo ministero

La storia di Simon Pietro nella sua prima fase durante il ministero di Gesù può essere così sintetizzata, in linea con le indicazioni presenti nel Nuovo Testamento: Simone fu uno dei primi seguaci di Gesù ad essere chiamato, e inoltre ebbe una funzione molto preminente in quel gruppo. Espresse una confessione messianica di Gesù, in linea con quella contenuta in *Mc* 8,29: «Tu sei il Cristo», la cui autenticità risulta confermata dalla sua non accettazione da parte di Gesù (il che dimostra come Simone medesimo non l'avesse pienamente compresa). Già nella fase della chiesa delle origini Simone giunse a essere conosciuto come *Kēfâs*-Pietro probabilmente perché Gesù gli aveva dato questo nome; gli venne inoltre concessa, tra i Dodici, la prima apparizione di Gesù risorto, e questo fece sì che egli fosse il più importante di loro in Gerusalemme e dintorni. Svolse, inoltre, un'attività missionaria, principalmente tra i Giudei, ma anche tra i gentili, e la sua posizione teologica fu intermedia tra quella di Giacomo, più giudaizzante, e quella di Paolo, più aperto ai non Giudei.

Sulle immagini di Pietro secondo il Nuovo Testamento, oltre a quella di primo testimone di Gesù risorto e a quella di portavoce dei Dodici e missionario, si sviluppa quella di Pietro come 'grande pescatore missionario' che deve confermare i suoi fratelli mediante la sua continua predicazione missionaria, in base alla significativa affermazione di Gesù: «Conferma i tuoi fratelli» (*Lc* 22,32). Oltre a ciò, egli è pastore che esercita l'autorità pastorale in virtù delle chiavi del regno e del compito del chiudere e aprire affidatogli da Gesù (*Mt* 16,19). Essendo buon pastore, egli dà la vita per le sue pecore e diventa martire cristiano a Roma verso gli anni Sessanta, come «testimone delle sofferenze di Cristo» (*1 Pt* 5,1).

Speciale rilevanza ha l'immagine di Pietro come destinatario di una rivelazione propria: ci riferiamo sia alla risurrezione (*1 Cor* 15,5), sia alla grande scena che la prefigura (la trasfigurazione); questa immagine dell'apostolo è inoltre percepibile anche nella sua prassi missionaria. Pietro si mostra prevalentemente come confessore della fede cristiana vera nel testo di *Mt* 16,16s., dove prende corpo una solenne rivelazione di Dio sulla identità di Gesù, del quale si confessa che è «il Messia e Figlio del Dio vivo». Con questa fede si rende evidente per la comunità cristiana che Pietro è realmente la roccia sulla quale Gesù ha fondato la sua chiesa, contro la quale non prevarranno le porte del male, il che appare manifesto nella risposta di Gesù: «Tu sei Pietro e su questa pietra edificherò la mia chiesa». Pietro, inoltre, è il custode della fede contro il falso insegnamento nella interpretazione sia delle Scritture (*2 Pt* 1,20s.), sia degli altri apostoli (3,15s.).

Pietro è visto infine anche come debole e peccatore. Viene rimproverato da Gesù e addirittura chiamato 'Satana', ed è criticato anche da Paolo. Rinnega Gesù, ma si pente e viene riabilitato («Mi ami tu più di costoro?»: *Gv* 21,15-17). Uomo di poca fede, è salvato da Gesù mentre affonda; anche se pescatore indegno, riceve da Gesù poteri spirituali e, una volta convertito, diventa fonte di fortezza.

Fin qui arriva l'ampio e consolidato consenso che c'è fra tutte le confessioni cristiane – ortodossi, protestanti e cattolici – su Simon Pietro nel Nuovo Testamento come figura preminente tra i Dodici. Ma questa sintesi della ricerca biblica comune non è sufficiente da sola per discernere se la successione del ministero di Pietro nei papi, vescovi di Roma, è costitutiva, come sostiene la fede cattolica, o invece non lo è, secondo quanto affermano gli ortodossi e i protestanti[1].

b) La tradizione dei vangeli

La fede cattolica riconosce che in effetti tre testi in particolare – *Mt* 16,16-19, *Lc* 22,32 e *Gv* 21,15-17 – ricevono una corretta interpretazione grazie alla comprensio-

1 [Su *Mt* 16,18 cfr. la nota della *Bibbia TOB*, ElleDiCi, Torino 2009, già presente nella prima edizione originale francese del 1972, con le tre interpretazioni specifiche: quella cattolica, ortodossa e protestante].

ne che ne ha la chiesa (cfr. Vaticano I). Di fatto non si può negare che queste tre pericopi mostrano un orientamento che pare intravedere una certa continuità nella missione di Gesù dopo la sua morte, tenendo presente il luogo particolarmente significativo nel quale sono situate in ciascun vangelo. I primi due testi sono promesse che guardano al futuro del tempo postpasquale e si articolano con il terzo brano, nel quale Cristo, «pastore supremo» (*1 Pt* 5,4), conferisce a Pietro un incarico 'pastorale':

Mt 16,16-19

Dopo la confessione messianica di Pietro (v. 16), Gesù risponde affidandogli una missione (vv. 17-19); immediatamente dopo dà inizio al suo viaggio verso Gerusalemme, proclamando la prima profezia sulla sua passione e risurrezione (vv. 21-23). Ecco i due versetti centrali:

> 18*E io a te dico: tu sei Pietro e su questa pietra edificherò la mia chiesa, e le potenze degli inferi non prevarranno su di essa.* 19*A te darò le chiavi del regno dei cieli: tutto ciò che legherai sulla terra sarà legato nei cieli e tutto ciò che scioglierai sulla terra sarà sciolto nei cieli».*

Lc 22,32

Durante l'ultima cena, dopo la discussione dei discepoli su chi avrebbe occupato il primo posto (vv. 24-30), Gesù, prevedendo oltre la propria morte, guarda al futuro dei 'fratelli' che egli riunirà e che Simone (v. 31) dovrà 'confermare', e formula questa espressione:

> 32*Ma io ho pregato per te, perché la tua fede non venga meno. E tu, una volta convertito, conferma i tuoi fratelli.*

Gv 21,15-17

Durante l'ultima apparizione, il Risorto si mostra preoccupato per la sorte del gregge nel tempo della chiesa, gregge che affida per tre volte a Pietro, dopo che questi per tre volte ha risposto positivamente alla triplice domanda: «Mi ami?»:

15 *Pasci i miei agnelli.*
16 *Pascola le mie pecore.*
17 *Pasci le mie pecore.*

c) *La successione nel ministero petrino: teologia e magistero*

Benché i testi citati non parlino esplicitamente di una successione di Pietro, a partire da essi si può forse dedurre che guardano verso un futuro di promessa e di compimento, come è tipico dell'economia salvifica. Si tratta della durata della chiesa, come si può inferire da *Gv* 21,15-17, con le espressioni «pasci» e «pascola»; da *Lc* 22,32, con l'affermazione «conferma i tuoi fratelli» applicata dalla tradizione alla infallibilità della chiesa; e ancor più espressamente, da *Mt* 16,18, con la sua duplice affermazione «edificherò la mia chiesa» e «le porte degli inferi non prevarranno contro di essa».

La prima riflessione teologica importante su questi testi è quella del papa Leone Magno († 461), il quale raccoglie la tradizione occidentale dei due secoli precedenti e spiega chiaramente la relazione tra Cristo e Pietro, e tra Pietro e il vescovo di Roma. Così egli si riferisce a *Mt* 16,18s. per giustificare il suo ministero e sottolinea con forza il fatto che Cristo stesso ha dato personalmente a Pietro, e a lui solo, una funzione primaziale nel collegio apostolico. Ma Cristo non solo ha istituito il primato petrino, bensì continua a guidare la chiesa attraverso un'autorità petrina vivente quale è il vescovo di Roma, che in tal modo appare come voluto da Cristo. Questo si manifestò chiaramente in occasione del concilio di Calcedonia (anno 451), dove lo stesso Leone Magno ebbe l'opportunità di ricordare un'affermazione fondamentale: il vescovo di Roma è il successore di Pietro nella chiesa, per volontà di Cristo.

A partire da questa dottrina i concili medievali incorporarono ai loro insegnamenti ufficiali questa affermazione sull'origine del primato papale, in particolare nel secondo concilio di Lione (1274) e al concilio di Firenze (1439), l'uno e l'altro celebrati con l'intento di ricostruire l'unità con gli ortodossi. Questi, in effetti, a partire dalla rottura con la chiesa cattolica nel 1054, avevano sostenuto sempre di più una concezione del primato del papa come un puro «primato tra uguali» (*primus inter pares*) o primato di onore.

Successivamente, nel XVI secolo, Lutero e i suoi seguaci sollevarono nuovamente la questione dell'origine della preminenza papale nella chiesa. Come replica ai protestanti vennero articolate le tre questioni che si trasformarono nell'asse della riflessione teologica cattolica su questo punto: 1) il *primato* di Pietro e il collegio apostolico; 2) la sua *successione* nei papi; e 3) il *vescovo di Roma* come successore storico di Pietro. E questa triplice prospettiva si mantenne costante fino alla sua incorporazione nelle definizioni sul papato da parte del concilio Vaticano I (1870).

d) Le due definizioni del Vaticano I: il primato di giurisdizione del papa e l'infallibilità del suo magistero a certe condizioni

Da parte sua, il concilio Vaticano I definisce la preminenza del papa come sua successione rispetto a Pietro, e nel contempo descrive la potestà piena e la natura del primato del papa come 'primato di giurisdizione'. Così infatti questa potestà diventa la condizione di possibilità per adempiere quella che è la finalità propria del ministero petrino: l'unità di fede e di comunione di tutta la chiesa (*Prologo*: Vaticano I, ripreso dal Vaticano II in *LG* 18). Pertanto si potrebbe formulare questo primato del papa come la capacità effettiva di pronunziare l''ultima parola' rispetto all'unità di fede e di comunione di tutta la chiesa. In più, l'espressione 'giuris-dizione' comporta il significato di 'parola e affermazione effettiva di diritto', ossia, 'parola decisiva e ultima', formulazione non lontana dall'espressione «ultima istanza» (*ultimatim*: *LG* 27), applicata al papa dal Vaticano II.

Di conseguenza si definisce che l'insegnamento o magistero papale è infallibile quando si verificano queste *tre precise condizioni*: 1) quando egli parla come pastore universale; 2) quando lo fa *ex cathedra*, vale a dire in forma solenne; e 3) quando si riferisce a questioni proprie di «fede e morale»[2]. Ricordiamo che questo tipo di definizione si è verificata chiaramente solo in quattro casi: sulla neces-

2 Per i diversi livelli del magistero e la relativa problematica, cfr. la nostra *Eclesiologia*, cit., 500-513 [trad. it. cit., 454ss.].

sità della chiesa per la salvezza (Bonifacio VIII, nel 1302); sulla visione beatifica (Benedetto XII, nel 1336); sulla immacolata concezione di Maria (Pio IX, nel 1854); e, unico caso dopo il Vaticano I, sull'assunzione di Maria (Pio XII, nel 1950).

e) Gli apporti del Vaticano II sul ministero petrino

Il concilio Vaticano II ratifica quanto definito dal Vaticano I, ma lo fa aggiungendo diverse spiegazioni presenti negli Atti di quest'ultimo concilio che mettono in rilievo il carattere aperto della definizione di ambedue i dogmi relativi al papa, con riconoscimento della potestà propria dei vescovi (note di *LG* 22 e 25). In effetti tale questione non poté essere analizzata dal Vaticano I a causa della sua conclusione precipitosa (in seguito all'invasione di Roma da parte delle truppe di Garibaldi). Entro questa prospettiva, ecco le sfumature apportate dal Vaticano II:

a) Il Vaticano II risponde a una domanda chiave: «Che senso ha il ministero primaziale del papa nella chiesa?» (cfr. *LG* 18). E la risposta, che riprende il prezioso prologo del Vaticano I, può essere così riassunta: *il papa, come successore di Pietro, ha il ministero, la responsabilità e l'ultima parola perché tutta la chiesa sia «unita in una sola fede e in una sola comunione».* Questa è l'autocomprensione che la chiesa cattolica ha sempre avuto sulla funzione del papa, anche se il modo concreto di esercitare un tale ministero ha subito molti cambiamenti nel corso della sua lunga storia. Inoltre, il Vaticano II integrerà questa finalità del ministero del papa con quello dei vescovi, che tutti insieme formano il 'collegio o corpo episcopale' dato che «l'ordine dei vescovi è pure, insieme col romano pontefice suo capo, e mai senza questo capo, soggetto di piena e suprema potestà su tutta la chiesa» (*LG* 22).

b) Nelle otto volte che il Vaticano II usa la parola 'primato', non aggiunge mai l'aggettivazione 'di giurisdizione' propria del Vaticano I (*LG* 13, 18, 22[2x], 45; *OE* 3, 7; *AG* 22). In ciò si percepisce la volontà di interpretare il primato del papa nella chiesa non in forma politico-civilista, alla quale l'aggiunta 'di giurisdizione' poteva dar adito, bensì come il modo del ministero sacramentale che egli esercita quale vescovo di Roma.

c) Il titolo di 'vicario di Cristo' viene applicato tanto al papa quanto a tutti i vescovi (*LG* 27), seguendo l'uso antico di Cipriano di Cartagine (III secolo), mantenuto fino a san Tommaso d'Aquino (XIII secolo), per sottolineare che tutti i vescovi sono successori degli apostoli e pertanto 'vicari di Cristo', vale a dire suoi ambasciatori.

d) Trattando della relazione tra i vescovi e il papa, viene precisato che si tratta di due autorità non in concorrenza, bensì articolate tra loro, dato che «la potestà propria, ordinaria e immediata dei vescovi» come ministero pastorale che ha la cura abituale e quotidiana della diocesi «è regolata *in ultima istanza* [potremmo dire: come ultima parola] dalla suprema autorità della chiesa» per il bene comune (*LG* 27).

e) Trattando delle «definizioni del papa che sono irreformabili per se stesse e non per il consenso della chiesa» (Vaticano I), si aggiunge con precisione che il loro valore è radicato non sul pensiero personale del pontefice, bensì sul fatto che tali dottrine «sono state proclamate con l'assistenza dello Spirito santo» (*LG* 25).

f) Per la prima volta in un concilio si afferma con precisione che l'autorevole parola della chiesa, quale è il magistero del papa e dei vescovi, «non sta sopra la Parola di Dio, ma ad essa serve per interpretarla autenticamente» (*DV* 10). E in tale contesto si constata come, oltre al magistero infallibile, solenne e 'straordinario' del papa, affermato dal Vaticano I, esista il magistero 'ordinario', il quale si attiva solo in linea con l'uso di tre criteri – «la natura del documento, il frequente riproporre la stessa dottrina e il tenore delle parole usate» (*LG* 25) – e comporta un assenso nella fede. Esistono anche altre forme minori di magistero che comportano un attento e sincero ascolto, ma si collocano a un livello pastorale-orientativo (essendo autorevoli documenti, istruzioni o applicazioni contingenti e prudenziali di una dottrina...).

g) La chiesa universale viene descritta in modo innovativo, come 'comunione di chiese' locali-diocesane-particolari, articolata «a partire da esse» e «in esse» (*LG* 23). In questa comunione cattolico-universale, il vescovo di Roma, secondo la bella formulazione di sant'Ignazio di Antiochia (II secolo) «presiede la comunità di amore che è la chiesa» (*LG* 13, 23; *AG* 22).

Tutte queste sfumature del Vaticano II hanno la loro base nella nuova comprensione della sacramentalità di tutta la chiesa, intesa «come un sacramento» o comunità sacramentale, basata in particolare sulla tradizione patristica antica (Cipriano, Agostino...), e specificamente sull'affermazione dell'episcopato come «pienezza del sacramento dell'ordine», attestato nei rituali di ordinazione episcopale del primo millennio (cfr. *LG* 21). In questo modo viene messo in rilievo che *tutti* i vescovi sono successori degli apostoli e che quindi la chiesa è guidata da tutto il collegio episcopale con il suo capo, il vescovo di Roma. In seguito a questa importante affermazione conciliare sulla collegialità episcopale, il papa Paolo VI, nel 1965, rinunciò alla tiara papale, coprendosi di nuovo con la mitra episcopale, cosa che il papa Benedetto XVI, al momento della sua elezione nel 2005, ha di nuovo espressa nel suo stemma[3].

A partire da queste affermazioni, dunque, l'articolazione tra l'esercizio del primato del papa all'interno della comunione delle chiese locali con le loro manifestazioni sinodali, in particolare quelle create dal Vaticano II, quali sono le conferenze episcopali e il sinodo dei vescovi, si apre a un continuo approfondimento. È in questa prospettiva che si collocano diverse riflessioni ecclesiologiche recenti, maturate intorno all'enciclica sull'unità dei cristiani (*Ut unum sint*, del 1995). Qui, al n. 95, Giovanni Paolo II ha impostato in modo totalmente rinnovato la necessità di

> trovare una forma di esercizio del primato che, pur non rinunciando in alcun modo all'essenza della sua missione, si apra a una situazione nuova [...], giacché, per delle ragioni molto diverse e contro la volontà degli uni e degli altri, ciò che doveva essere un servizio ha potuto manifestarsi sotto una luce abbastanza diversa.

3 [Nello stemma il copricapo che sormonta lo scudo a calice è una semplice mitra d'argento con tre fasce d'oro, non una tiara; altra novità di rilievo è la presenza del pallio].

Ecco dunque una delle proposte più suggestive – forse la più suggestiva in assoluto – della lunga tappa successiva al concilio Vaticano II, che suppone una prospettiva di rinnovamento molto importante e promettente sia a livello ecumenico sia a livello intracattolico, agli inizi del terzo millennio cristiano[4].

4 Cfr. due nostri lavori: *¿Hacia un ordo communionis primatus?*, in *Gregorianum* 89 (2008) 5-26, e *Eclesiologia*, cit., 513-548 [trad. it. cit., 564-584].

VIII.

LA CHIESA È CREDIBILE? IL PARADOSSO CHE CIRCONDA LA SUA REALTÀ MISTERIOSA

1. Il paradosso storico che circonda la chiesa come comunità di Gesù Cristo

In che modo si può vedere la chiesa come credibile? Per affrontare questo tema delicato si può proporre un percorso che, partendo dall'esperienza del 'paradosso storico' quale risulta dalla comprensione della chiesa nella sua storia e nella sua realtà presente, consenta di guardare alla sua realtà profonda. Ma la realtà profonda della comunità dei credenti in Gesù Cristo può essere compresa unicamente come 'mistero' (cioè come disegno divino di salvezza nella storia umana).

La chiesa, in effetti, da un punto di vista fenomenologico, sociologico e storico, appare come una realtà complessa e paradossale. E tale è nell'evidenziarsi del paradosso e dello scandalo inerenti alla sua stessa costituzione umana e insieme divina. Paradosso non significa tuttavia contraddizione o negazione, bensì lo si dice di una realtà la cui sintesi è formata da aspetti tra loro diversi, ma senza reciproca esclusione. Per questo il paradosso supera la logica e la trascende, e può essere compreso solo quando viene accettato e vissuto esistenzialmente, visto che ogni paradosso umano ha al suo interno qualcosa di misterioso.

Ed effettivamente nella storia dell'ecclesiologia paradossi ed espressioni paradossali vengono usati per parlare della chiesa quando ci si riferisce alla santità radicale e al peccato storico che sempre l'accompagnano. La chiesa infatti è «una realtà complessa» (*LG* 8) formata da *un elemento divino* quale «realtà misteriosa», espressione del disegno di salvezza di Dio (*LG* 1), e insieme da *un elemento umano*, per essere «entrata nella storia degli uomini» (*LG* 9). Di fatto, etimologicamente 'paradosso' significa qualcosa di contrario all'opinione accettata e comune, che stupisce perché pare incredibile che possa essere così come si dice che sia. Nella tradizione cristiana il paradosso parte da un testo paradigmatico di Paolo (*1 Cor* 1,17-31) in cui l'apostolo afferma di essere stato inviato

> ad annunciare il vangelo, non con sapienza di parola, perché non venga resa vana la croce di Cristo. La parola della croce infatti è stoltezza per quelli che si perdono, ma per quelli che si salvano, ossia per noi, è potenza di Dio... Noi annunciamo Cristo crocifisso, *scandalo* per i Giudei e *stoltezza* per i pagani.

Di fatto, il vangelo è pieno di paradossi. L'essere umano medesimo è un paradosso vivente. E soprattutto l'incarnazione del Verbo di Dio nella umanità di Gesù è *il paradosso supremo* dal quale deriva la chiesa quale comunità storica. Per questo la realtà misteriosa della chiesa, come ogni mistero, non può essere colta con uno sguardo diretto e semplice, bensì soltanto con uno sguardo complesso e articolato. Assume così l'aspetto di paradosso, che può essere espresso unicamente per mezzo di una serie di affermazioni in tensione, alla ricerca di una nuova sintesi. Ecco, dunque, la chiave teologica e il paradigma per usare il paradosso come metodo di discernimento del mistero della chiesa nella storia!

Si noti inoltre che quel 'paradosso' che è l'esperienza storica della chiesa solleva interrogativi, perché essa stessa si presenta come 'segno misterioso', descritto quale comunità di Gesù Cristo. In realtà il fenomeno della chiesa storico, sociologico, giuridico, organizzativo, istituzionale, culturale e mondiale nella sua totalità, suscita problemi e interrogativi – o magari addirittura rifiuto – ed esige una spiegazione, una ragion sufficiente proporzionata e plausibile, che superi le sue apparenti contraddizioni in forma di paradosso vivente. Si può quindi dire che la spiegazione di questo fenomeno storico e paradossale quale è la chiesa potrebbe segnalare la realtà misteriosa che essa stessa vuole testimoniare: essere la comunità di credenti di Gesù Cristo. Questa via di comprensione del mistero della chiesa, implicato nel paradosso, non porta a una evidenza o ovvietà, ma – questo sì – a un'approssimazione ragionevole e sufficiente che la possa presentare come credibile.

Orbene, bisogna tenere conto del fatto che per aprirsi alla possibile presenza della realtà misteriosa della chiesa – comunità dei credenti in Gesù Cristo – che è nascosta nel paradosso del suo fenomeno storico e nella fragilità umana dell'istituzione ecclesiale, bisogna lasciarsi guidare dallo Spirito. In ultima istanza è lui che può aiutare a discernerla come pienamente credibile, fino ad accoglierla gioiosamente nella fede.

2. La testimonianza: segno di credibilità

La categoria di 'testimonianza' è diventata il segno ecclesiale di credibilità e paradigma per l'ecclesiologia. Tale termine ha fatto in effetti progressivamente la sua comparsa nel linguaggio teologico ed ecclesiale, soprattutto a partire dal Vaticano II. La parola, per la verità, era già stata utilizzata dal Vaticano I per designare la chiesa in quanto costituisce per se stessa e per la sua presenza nel mondo «un grande e perpetuo motivo di credibilità e una testimonianza irrecusabile della sua divina missione». Ma l'irruzione massiccia della terminologia della testimonianza la si ha propriamente con il Vaticano II: lì il tema sembra quasi onnipresente. Nei documenti dell'ultimo concilio i termini 'testimonianza', 'testimoniare' e 'testimone' compaiono infatti ben centotrentatré volte e vengono applicati sia alla chiesa intera sia a ciascun cristiano.

Di fatto il processo di personalizzazione proprio del Vaticano II ha fatto collegare tutti i segni della rivelazione storica con il centro personale che è Cristo, e ha influito pure sul segno della chiesa: sono gli stessi cristiani con la loro vita santa, e le comunità di cristiani con la loro vita di unità e carità, a costituire il segno della chiesa. Questa concentrazione e personalizzazione realizzata dal Vaticano II è appunto inscritta nell'apparizione di un termine nuovo: ciò che il Vaticano I intendeva per 'segno della chiesa', ora deve essere cercato nella categoria di *testimonianza* compendiata in *AG* 11 e nella successiva sintesi offerta ai nn. 21s. dall'enciclica di Paolo VI, *Evangelii nuntiandi*, nel 1975.

A partire da questa constatazione si comprende come la testimonianza possa diventare segno ecclesiale di credibilità. In effetti quella categoria, oltre a caratterizzare la vita cristiana ed ecclesiale per eccellenza, indica sia la testimonianza 'quotidiana' propria della vita di ogni giorno, sia la testimonianza 'giuridica' praticata nei tribunali di giustizia, ma ha il suo nucleo centrale nella testimonianza 'etico-antropologica' che mette in rilievo l'implicazione e l'impegno 'etico' del testimone in ciò che egli attesta. In definitiva, si tratta del testimone 'buono' in senso morale, del testimone verace del quale ci si può fidare, essendo questa la peculiarità cristiana della vera testimonianza.

Perché questa testimonianza sia pienamente ecclesiale andrà inoltre articolata nelle sue tre dimensioni: 1) deve collegarsi storicamente e vitalmente con la *testimonianza apostolica fondante* della chiesa, che trasmette fedelmente Gesù Cristo e il suo vangelo; 2) deve concretizzarsi nella *testimonianza vissuta* di ciascun credente e della chiesa; e 3) queste due prime dimensioni debbono essere fecondate dalla *testimonianza dello Spirito che vive nella chiesa*, che è colui che in definitiva la anima e la santifica.

Per questo il riferimento alla testimonianza diventa il paradigma di credibilità della chiesa, come risulta evidente nel sinodo dei vescovi del 1985, in occasione dei vent'anni del Vaticano II. Lì – e precisamente nella relazione finale intitolata «La Chiesa, nella Parola di Dio, celebra i misteri di Cristo per la salvezza del mondo» – si parla della testimonianza in termini ben precisi. Li riprendiamo alla lettera, perché costituiscono un'adeguata conclusione alla prospettiva di ecclesiologia postconciliare che abbiamo appena delineato:

> L'evangelizzazione dei non credenti presuppone l'autoevangelizzazione dei battezzati, e anche in certo senso dei diaconi, dei sacerdoti e dei vescovi. *L'evan-*

gelizzazione avviene mediante testimoni. Il testimone rende la sua testimonianza non solo con le parole, ma anche con la propria vita. Non dobbiamo dimenticare che testimonianza in greco si dice *martyrium*[1].

3. Come continuare, oggi, a camminare ecclesialmente?

Ecco una domanda appropriata quando ci può accadere di sentirci 'estranei' e 'perplessi' non solo nel nostro mondo, ma anche nella nostra esperienza ecclesiale, privi di motivazione o con scarse speranze. Come dare testimonianza del fatto che, nonostante tutto, vale la pena di camminare ecclesialmente per poter «cantare al Signore», anche nella «terra straniera» del mondo in cui viviamo (cfr. *Sal* 137,4)? Ecco qui di seguito alcune proposte semplici per proseguire in questo cammino, senza rinunciare né alla fede né alla lucidità.

Realizzare con tutta naturalezza quello che la fede cristiana ci propone. E cioè osservare con fedeltà e semplicità le esigenze centrali della nostra fede: la preghiera personale e comunitaria; la celebrazione eucaristica, in particolare quella domenicale; la partecipazione ai sacramenti; la lettura personale e comunitaria della Bibbia; la riflessione per una migliore comprensione della fede; il ser-

1 [*La Chiesa, nella Parola di Dio, celebra i misteri di Cristo per la salvezza del mondo*, in *Enchiridion Vaticanum* 9, cit., nn. 1779-1818, qui 1795].

vizio disinteressato dell'amore al prossimo; la motivazione cristiana della vita quotidiana, familiare, professionale, civica, sociale, politica...

Vivere, celebrare e testimoniare il 'plus cristiano' manifestato in Gesù Cristo che rende possibile «l'uomo nuovo» (*Ef* 2,15; 4,24), con la proclamazione delle beatitudini e l'invocazione del Padre nostro, dato che «solamente nel mistero del Verbo incarnato trova vera luce il mistero dell'uomo... e si svela pienamente anche l'uomo all'uomo» (*GS* 22).

Vivere la comunione ecclesiale centrata sulla Parola di Dio e sui sacramenti, quali basi dell'essere chiesa, al cui 'servizio' – si noti la parola! – sta *il ministero pastorale dei vescovi e dei presbiteri* (*LG* 24); il magistero nella chiesa, infatti, che ha «il compito di interpretare autenticamente la Parola di Dio, non sta sopra di essa, ma ad essa serve» (*DV* 10).

Ricordare che la chiesa è costitutivamente una 'realtà complessa', che in modo paradossale contiene il messaggio del vangelo. Per cui la chiesa è 'santa' per quello che offre – la Parola di Dio con la professione di fede e i sacramenti con la loro celebrazione –, ma insieme essa, in quanto comunità storica e concreta, «ha sempre bisogno di purificazione» e di «perenne riforma» (*LG* 8; *UR* 6).

Meditare sulla realizzazione della chiesa attraverso la sua storia, contrassegnata da quella 'riforma' (Benedetto XVI) che è stato il Vaticano II, la cui ricezione vive attualmente una tappa di 'lunga transizione' – che può causare sofferenza! – alla ricerca di una sintesi fra tradizione e rinnovamento, che sia capace di dare nuova linfa alla vita cristiana odierna.

Suscitare 'reti' di relazione, di comunione, di solidarietà, di complicità fra persone, parrocchie, comunità, servizi, movimenti, associazioni, istituzioni... come nuclei ecclesiali.

Tener presenti le vere dimensioni della chiesa universale: non dimenticare la dimensione 'cattolica-universale' della chiesa che la globalizzazione può valorizzare, senza perdere la dimensione concreta, locale, incarnata e inculturata della propria vita cristiana.

Conservare l'importanza della partecipazione nelle istanze 'sinodali' della nostra chiesa – consigli parrocchiali, vicariali, diocesani, assemblee, giornate, sinodi, concili... – con volontà decisamente 'comunionale', unita alla franchezza per manifestare l'eventuale disaccordo con spirito di dialogo.

Riflettere sul fatto che la chiesa riceve la luce (non ne è la fonte diretta), come la luna: la luce che da Cristo viene donata alla chiesa i padri della chiesa amavano paragonarla alla dipendenza che la luna ha dal sole, del quale essa non è che un «riflesso semioscuro» (san Bonaventura). Per san Tommaso d'Aquino la chiesa appare «bella come la luna che in pace e sicurezza cresce, o decresce oscurata dalle avversità». È per questo che i padri della chiesa postulavano la necessità di uno sguardo 'penetrante' per riuscire a scoprire la 'bellezza' della chiesa...

Tener presente il paradosso della chiesa come madre. Esplicitiamo questo concetto con le parole stesse che Henri de Lubac ebbe a scrivere nel 1967:

> Quale paradosso, nella sua realtà, questa chiesa, in tutti i suoi aspetti contrastanti! Quante irriducibili immagini ce ne offre la storia! In quasi venti secoli, quanti mutamenti sono sopravvenuti nel suo comportamento, quanti strani sviluppi, quante svolte, quante metamorfosi! Mi si dice che è santa, e la vedo piena di peccatori. Sì, paradosso della chiesa. Paradosso di una chiesa fatta per un'umanità paradossale. *La chiesa è mia madre perché mi ha generato alla vita. In una parola, la chiesa è nostra madre perché ci dà il Cristo.* Ma non tutti i suoi figli la capiscono. Alcuni si spaventano e si scandalizzano... In simili circostanze, quelli che la riconoscono come madre devono compiere la propria missione in umile ed attiva pazienza. La chiesa infatti porta al mondo la speranza...[2].

4. Conclusione: l'ultimo 'perché?' e 'a che scopo?' della chiesa

Il perché e lo scopo – in definitiva: la finalità – della chiesa sono espressi chiaramente dal concilio Vaticano II quando si afferma che essa è «come sacramento, cioè segno e strumento dell'intima unione con Dio e dell'unità di tutto il genere umano» (*LG* 1: *filiazione* e *fraternità*, dicevamo sopra), come espressione massima del regno di Dio.

2 H. DE LUBAC, *Paradosso e mistero della chiesa* (1967), in ID., *Opera omnia* 9, Jaca Book, Milano 1997, 9.

In definitiva, la chiesa c'è per rendere possibile l'intima unione dell'uomo con Dio: è quella *filiazione* che comporta una nuova relazione con lui come «Padre buono», basata non sul timore o la lontananza, bensì sulla fiducia di sapersi 'in buone mani', come Gesù che poco prima di morire sulla croce ha esclamato fiduciosamente: «Padre, nelle tue mani affido il mio spirito» (*Lc* 23,46). A sua volta la chiesa, tenendo presente che «l'umanità va sempre più organizzando la sua unità», chiede che «tutto il genere umano sia condotto nell'unità della famiglia di Dio» (*LG* 28), grazie alla *fraternità* universale realizzata da Gesù Cristo che dà la possibilità non solo di invocare Dio come Padre, ma anche di dirgli con gioia: «Padre *nostro*», espressione che diventa così l'ultimo *senso e perché* della chiesa.

SIGLE DEI DOCUMENTI DEL CONCILIO VATICANO II

AA	*Apostolicam actuositatem,* sull'apostolato dei laici.
AG	*Ad gentes*, sull'attività missionaria della chiesa.
CD	*Christus Dominus*, sull'ufficio pastorale dei vescovi.
DV	*Dei Verbum,* sulla divina rivelazione.
GS	*Gaudium et spes*, sulla chiesa nel mondo contemporaneo.
LG	*Lumen gentium*, sulla chiesa.
OE	*Orientalium ecclesiarum*, sulle chiese orientali cattoliche.
PC	*Perfectae caritatis*, sul rinnovamento della vita religiosa.
PO	*Presbyterorum ordinis*, sulla vita e il ministero dei presbiteri.
SC	*Sacrosanctum concilium*, sulla liturgia.
UR	*Unitatis redintegratio*, sull'ecumenismo.

BIBLIOGRAFIA

Bibliografia ecclesiologica dell'autore

Eclesiología. La sacramentalidad de la comunidad cristiana, Sígueme, Salamanca 2007, 2008² [trad. it., *Ecclesiologia. La sacramentalità della comunità cristiana*, Queriniana, Brescia 2008].

¿Hacia un ordo communionis primatus?, in *Gregorianum* 89 (2008) 5-26.

Vocabulario teológico sobre la Iglesia. El reciente documento de la CDF, in *Phase* 47 (2007) 483-492.

¿Dónde está la Iglesia?, in *Gregorianum* 86 (2005) 593-606.

Lectura teològica de la Lumen gentium, in *Constitucions i decrets del concili Vaticà II*, Abadia de Montserrat - Facultat de Teologia de Catalunya, Barcelona 2003, 51-77.

Creer en la Iglesia, San Pablo, Madrid 2002 [trad. it., *Credere la Chiesa. Credo la Santa Chiesa cattolica*, San Paolo, Cinisello Balsamo (Mi) 2002].

«Ecclesia» ed «Ecclesiae», in *Gregorianum* 83 (2002) 761-766.

C. O'Donnell – S. Pié-Ninot, *Diccionario de Eclesiología*, San Pablo, Madrid 2001 (con nuove voci di S. Pié-Ninot rispetto all'originale di C. O'Donnell, *Ecclesia. A Theological Encyclopedia of the Church*, The Liturgical Press, Collegeville/MN 1996).

Introduzione alla Ecclesiologia, Piemme, Casale Monferrato (Al) 1994, 2001[3].

La sinodalitat eclesial, Facultat de Teologia de Catalunya, Barcelona 1993.

Altra bibliografia italiana

A. Alberigo (ed.), *Storia del concilio Vaticano II*, 5 volumi, a cura di A. Melloni, Peeters - il Mulino, Bologna 1995-2001.

ATI, *La chiesa e il Vaticano II. Problemi di ermeneutica e ricezione conciliare*, Glossa, Milano 2005.

Y.M. Congar, *Proprietà essenziali della chiesa*, in Aa.Vv., *Mysterium Salutis VII*, Queriniana, Brescia 1975, 439-707.

H. de Lubac, *Paradosso e mistero della chiesa* (1967), in Id., *Opera omnia 9*, Jaca Book, Milano 1997 (cfr. S. Pié-Ninot, *Introducción*, in H. de Lubac, *Paradoja y misterio de la Iglesia*, Sígueme, Salamanca 2002[3], 9-18).

S. Dianich – S. Noceti, *Trattato sulla chiesa*, Queriniana, Brescia 2002, 2005[2].

A. Dulles, *Modelli di chiesa*, EMP, Padova 2005.

J. Fontobona, *«Credo… la comunione dei santi»*, San Paolo, Cinisello Balsamo (Mi) 2003.

B. Forte, *La Chiesa icona della Trinità. Breve ecclesiologia*, Queriniana, Brescia 1984, 2003[8].

M. Kehl, *La chiesa. Trattato sistematico di ecclesiologia cattolica*, San Paolo, Cinisello Balsamo (Mi) 1995.

–, *Dove va la chiesa? Una diagnosi del nostro tempo*, Queriniana, Brescia 1998.

L. Sartori, *La* Lumen Gentium. *Traccia di studio*, EMP, Padova 2006[2].

M. Semeraro, *Mistero, comunione e missione. Manuale di ecclesiologia*, EDB, Bologna 2004[4].

F.A. Sullivan, *Noi crediamo la chiesa*, Piemme, Casale Monferrato (Al) 1990.

J.M.R. Tillard, *Chiesa di chiese. L'ecclesiologia di comunione*, Queriniana, Brescia 1989, 2005[2].

INDICE

Dello stesso Autore
presso la Queriniana

LA TEOLOGIA FONDAMENTALE

«Rendere ragione della speranza» (*1 Pt* 3,15)

quinta edizione

L'opera presenta una proposta articolata di sintesi per la teologia fondamentale nel contesto della problematica contemporanea.

Biblioteca di teologia contemporanea 121

696 pagine - ISBN 978-88-399-0421-8

Dello stesso Autore
presso la Queriniana

ECCLESIOLOGIA

La sacramentalità della comunità cristiana

seconda edizione

Un'ampia e magistrale introduzione, che pone a fondamento dell'ecclesiologia la categoria di comunione e quella di sacramentalità. Quest'ultima, in particolare, permette di affrontare la complessità della chiesa intesa come istituzione.

Biblioteca di teologia contemporanea 138
744 pagine - ISBN 978-88-399-0438-6